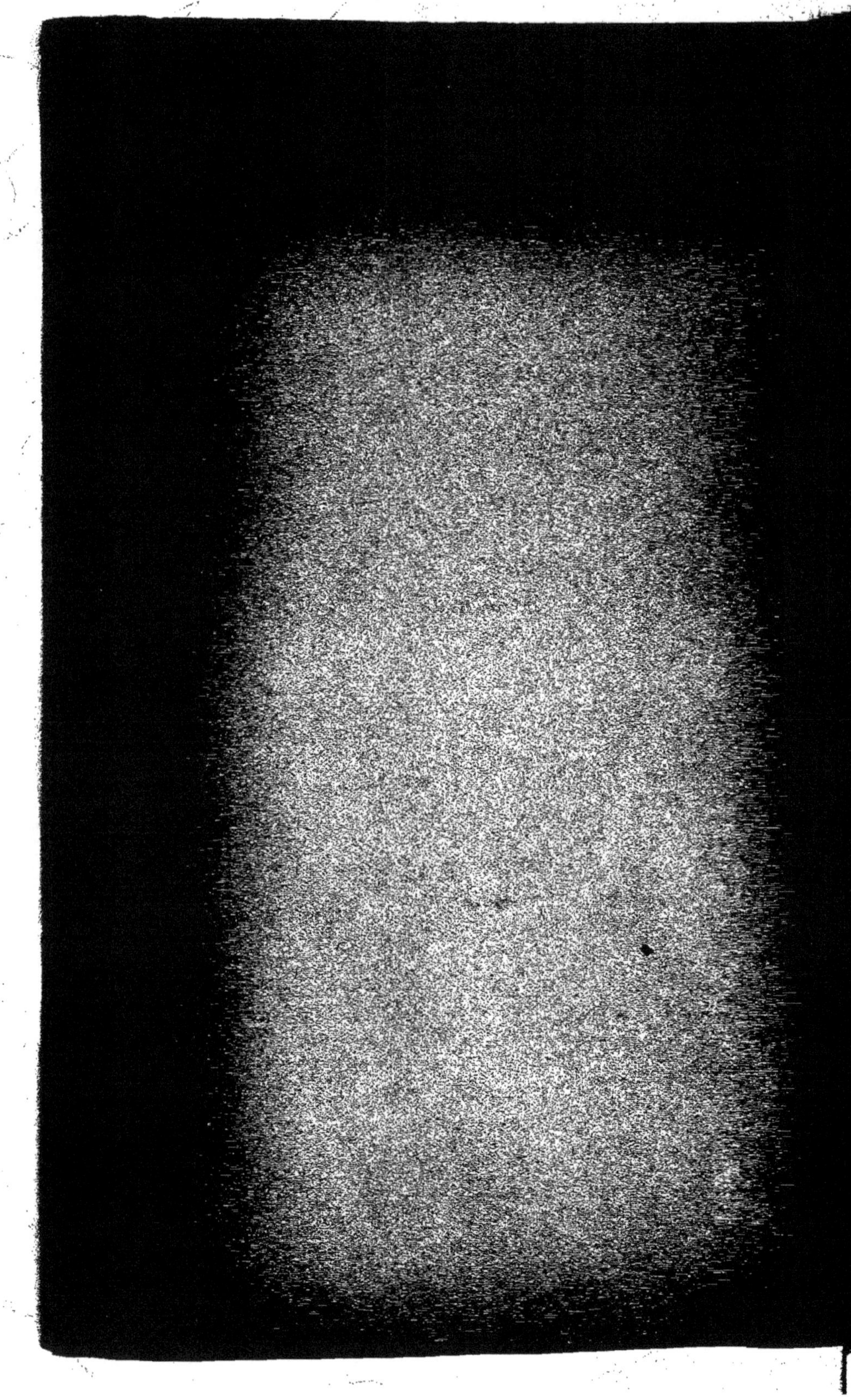

LA
LOIRE A ORLÉANS.

RÉGIMES D'HIVER ET D'ÉTÉ.

Discussion des observations hydrométriques,

depuis 1830,

et pluviométriques, depuis 1862.

par Deglaude

ORLÉANS

IMPRIMERIE ERNEST COLAS

VIS-A-VIS DU MUSÉE

1875

TABLE

Pages.

I. — Réflexions préliminaires . . . . 1 à 4

II. — Division de l'année entre les 2 saisons froide
et chaude . . . . 4 à 18

III. — Influence du régime d'hiver sur celui d'été. 18 à 28

IV. — Le climat est-il homogène dans tout le bassin ? 28 à 42

V. — De l'emploi des observations pluviométriques
au pronostic des crues. 42 à 51

TABLEAUX A L'APPUI.

1. — Relevé général des hauteurs d'eau de la Loire à Orléans *(depuis 1830) où les régimes des 2 saisons sont résumés et mis en regard.*

2. — Relevé *(depuis 1862)*, des hauteurs de pluie de la saison froide, dans 29 stations du bassin en amont du Bec-d'Allier.

2 *bis*. — Même relevé pour les nombres de jours de pluie.

3. — Relevé *(depuis 1862)*, des hauteurs de pluie de la saison chaude, dans les mêmes stations.

3 *bis*. — Même relevé pour les nombres de jours de pluie.

4. — Digoin, Orléans, Bréssuire, et moyenne des bassins de l'Allier et de la Haute-Loire : comparaison entre les hauteurs et les jours de pluie des 2 saisons.

5. — Blois, Orléans, Gien : tableau dressé pour la discussion de la répartition de la pluie entre ces trois points.

6. — Relevé des pluies, du bassin supérieur au Bec-d'Allier, qui ont occasionné la crue extraordinaire du 27 septembre 1866.

7. — Même relevé pour la crue moyenne du 23 octobre 1868.

8. — id. pour la grande crue du 23 octobre 1872.

LA LOIRE A ORLÉANS.

I

RÉFLEXIONS PRÉLIMINAIRES.

Rien n'est immobile, rien n'est invariable dans la nature.

L'observateur y aperçoit partout des transformations et des oscillations continuelles.

Les eaux courantes participent à cette loi universelle de la création.

Elles offrent des fluctuations incessantes étroitement liées aux variations de l'état atmosphérique.

A peine sensibles dans les conditions habituelles, ces changements sont parfois d'une violence extraordinaire, et l'on reconnaît qu'ils obéissent à tous les mouvements de l'atmosphère.

En suivant avec attention ce mouvement général des eaux, dans l'air et sur la terre, on est frappé de son analogie avec la circulation du sang chez les animaux.

Le système artériel est dans l'atmosphère, dont les nuages, sortis de l'Océan, sont portés par les vents jusqu'aux plus hautes extrémités du globe.

Le système veineux est sur la terre. Les innombrables cours d'eau qui la sillonnent, se ramifiant les uns sur les autres, ramènent à l'Océan les eaux que l'action permanente du soleil en retire incessamment.

Cette sublime loi de la vie, dont la simplicité paraît aujourd'hui avec tant d'évidence, n'avait pas échappé aux regards des grands esprits de l'antiquité.

On la trouve dans le livre d'Aristote sur les météores.

Mais elle avait si bien disparu sous les ruines de la civilisation romaine, et l'obscurcissement produit dans l'esprit humain par la barbarie des premiers siècles du moyen-âge avait été si profond, qu'au temps de Descartes elle n'était pas encore retrouvée.

Descartes enseigne, en effet, dans son discours de la méthode et des météores publié en 1637 : « que l'eau des mers remonte « à la source des fleuves par des canaux souterrains. »

Erreur étrange d'un des plus beaux esprits du temps passé, qui est un exemple bien saisissant des dangers de l'abus de la métaphysique : quand on songe surtout que Descartes avait vécu sur les bords de la Loire, dont chaque grande pluie fait visiblement grossir les eaux.

Ces courtes réflexions préliminaires établissent la nouveauté de la météorologie.

Sa renaissance date de nos jours. Mais son importance pour la sécurité et le bien-être des hommes a été si vite comprise, que la surface entière du globe est aujourd'hui couverte d'un réseau d'observatoires météorologiques.

Déjà, et c'est beaucoup, l'on prévoit quelques jours à l'avance les tempêtes, les orages, tous les mouvements brusques et redoutables de l'atmosphère.

Pourra-t-on obtenir davantage ? et par exemple prédire le temps plusieurs mois d'avance ?

L'esprit humain a déjà dérobé tant de merveilleux secrets à la nature, qu'il lui est bien permis de prétendre à ce nouveau succès.

Mais il est présumable qu'il lui reste encore de grands progrès à accomplir.

Les prévisions qui reposent sur des faits observés, exigent la connaissance d'un très-grand nombre de faits similaires :

Or les observations météorologiques ne sont régulièrement organisées, et ne sont surtout devenues générales que depuis un très-petit nombre d'années.

Dans le bassin de la Loire, elles sont faites avec régularité et d'une manière rationnelle depuis 1858 seulement, grâce à l'initiative de M. l'Inspecteur Général Comoy.

L'Ingénieur en chef de la 5e Section de la Loire n'a été chargé que plus tard de les centraliser, par une décision ministérielle du 27 Décembre 1862.

Le but que je me propose ici, est de faire connaître les résultats utiles qui se dégagent de l'état actuel de ces observations, eu égard au régime du fleuve.

Mais, comme on possède un bien plus grand nombre de faits hydrométriques, lesquels peuvent encore mieux servir à prévoir les changements probables de ce régime, mon étude s'applique à ceux-ci non moins qu'à ceux-là.

Dans son remarquable ouvrage sur l'hydrologie du bassin de la Seine, qui rassemble tout ce qu'il avait écrit auparavant sur les crues et les sécheresses des cours d'eau de ce bassin, M. l'Inspecteur Général Belgrand fait la déclaration très-nette qui suit (page 348) :

« Nous ne savons pas annoncer une crue au moyen d'obser-
« vations pluviométriques. On peut le faire, au contraire, avec
« une certaine exactitude, au moyen d'observations hydromé-
« triques.

« L'un ou l'autre de ces deux systèmes d'observations permet
« de prévoir une sécheresse à la fin de la saison froide. »

La prévision des crues de la Loire, basée sur d'assez nombreuses observations hydrométriques, peut aussi se faire aujourd'hui avec une exactitude suffisante pour les besoins pratiques.

M. le Ministre des Travaux publics a bien voulu prescrire l'impression des tableaux analytiques des crues antérieures connues, que j'ai dressés pour cet objet en 1873 en me servant du travail analogue publié en 1857 par M. l'Inspecteur général Comoy, auquel je suis heureux de témoigner ici ma gratitude pour les utiles indications que je dois en outre à sa bienveillance.

Mais la discussion qui va suivre fera voir qu'on ne saurait guères attendre une application utile *prochaine* des observations pluviométriques à l'annonce des crues de ce fleuve.

Et quant à la prévision de ses sécheresses, la discussion des faits montre également que le caractére particulier de son bassin paraît s'opposer à ce qu'elle prenne jamais le degré de certitude nécessaire, aussi bien avec l'un qu'avec l'autre des deux systèmes d'observations.

II

DIVISION DE L'ANNÉE EN SAISON FROIDE ET SAISON CHAUDE.

Mon but principal, dans cette étude, était de reconnaître l'influence que pouvait avoir sur le régime d'été de la Loire, les pluies (ou le régime) de la saison d'hiver, et les sécheresses antérieures.

J'ai entrepris ce travail avec la pensée qu'il n'aboutirait sans doute pas à l'heureux résultat des belles études hydrologiques de M. Belgrand sur le bassin de la Seine.

Je pressentais que la loi établie par M. Dausse pour ce bassin, loi confirmée par les observations de M. Belgrand, ne devait guères bien s'appliquer à celui de la Loire : que dès lors, les pluies d'été pouvant certaines fois profiter aux cours d'eau, il devenait impossible d'annoncer avec quelque certitude plusieurs mois à l'avance une forte sécheresse, comme ce savant Ingénieur l'a fait avec tant d'exactitude, pour les étés 1870 et 1874 en ce qui concerne la Seine et ses affluents.

C'est qu'il existe trop de dissemblances entre ces deux grands bassins hydrographiques.

La Seine et ses affluents sont, à quelques exceptions près, des cours d'eau tranquilles alimentés par des sources rares et puissantes.

Les pluies de la saison froide emmagasinent, dans les couches profondes de son sol généralement perméable, des masses d'eau considérables que la sécheresse d'un seul été ne suffit pas à épuiser, quelque forte qu'elle soit.

Au contraire, le caractère torrentiel éclate dans tous les affluents de la Loire, autres que la Maine, notamment dans les allures de l'Allier et de la Haute-Loire.

Les versants montagneux de ces deux affluents principaux y dominent si bien qu'il occupent les 5/7es (1) de la superficie totale du bassin : et ces versants, abrupts en grande partie, sont partout granitiques ou volcaniques et conséquemment imperméables.

Comme cette imperméabilité n'est pas absolue, l'eau des pluies, absorbée par les débris arénacés de la surface, pénètre dans les innombrables petites fissures de la roche, et reparaît en une multitude de petites sources, disséminées sur le flanc des coteaux aussi bien qu'au fond des vallées.

Mais ces sources se réduisent l'été à de si minces filets d'eau,

---

(I) Mémoire du 23 novembre 1857 de M. Comoy sur les crues de la Loire, exposant les règles pratiques pour annoncer la hauteur et l'époque de leur maximum.

qu'on incline à ne pas leur attribuer, malgré leur grand nombre, une influence prédominante sur le régime d'été du fleuve.

Toutefois, M. Comoy a constaté qu'elles suffisaient à fournir un débit d'étiage du fleuve équivalent à celui des fleuves tranquilles.

« On pense généralement dit-il (1), que le débit des basses « eaux des fleuves à crues torrentielles est plus faible que celui « des fleuves à crues plus douces. Il n'en est rien. En ne com- « parant que des fleuves dont les sommets n'ont point de neiges « perpétuelles, (la présence des neiges produit un tout autre « régime des eaux), on trouve qu'il y a très-peu de différence « entre les débits des basses eaux de ces différents fleuves à « égalité de versants.

« Le débit d'étiage de la Seine à Paris, produit par 43,000 « kilomètres carrés de versants, a été de (2) 45 mètres cubes « en 1857. Et c'est à très-peu près le débit de la Loire, à Blois, « au même étiage, pour 39,000 kilomètres carrés de versants. « Trois causes contribuent à entretenir cette erreur : la pente « beaucoup plus forte des torrents, la largeur bien plus grande « de leur lit, et leur fond sablonneux où se fait un écoulement « souterrain. »

Il n'est pas besoin du reste de faire remarquer que cette observation fort juste ne préjuge rien quant à l'influence des pluies de la saison chaude.

Si, sur les versants perméables, à pentes douces, et qui s'échauffent profondément aux ardeurs de l'été, les pluies sont presque entièrement enlevées par l'évaporation : il est à croire qu'elles ne sont pas aussi complètement perdues pour les cours

----

(1) Rapport du 31 décembre 1860, où M. Comoy expose ses études sur les inondations de la Loire.

(2) En 1865, le débit minimum de la Seine est descendu à 36 m. c. 38. (Belgrand, page 331).

En 1870, le débit minimum de la Loire, à Blois, était réduit à 32 m. c., d'après un jaugeage de M. l'Ingénieur Jollois.

d'eau des versants imperméables, à pentes le plus souvent abruptes, et qu'on appelle terrains froids parce qu'ils s'échauffent difficilement.

La discussion des faits hydrométriques et pluviométriques exactement constatés jusqu'à ce jour, aura pour conséquence d'établir la réalité de l'influence des pluies d'été sur les eaux de la Loire, influence capable de contrebalancer certaines fois les sécheresses de l'hiver.

J'ai fait le relevé des hauteurs diurnes de la Loire observées à Orléans depuis 1830, et j'ai tâché de les résumer par saison, de façon à définir le mieux possible le régime particulier à chacune.

Ainsi, pour la saison froide, le relevé donne :

La hauteur moyenne du fleuve :

Le nombre de jours pendants lesquels il s'est tenu :

à zéro et au-dessus :	à 1^m 50 et au-dessus :
à 0^m 50 et au-dessus :	à 2^m 00 et au-dessus.
à 1^m 00 et au-dessus.	

et enfin les crues de la saison froide supérieures à 2^m 00.

Pour la saison chaude il présente :

La hauteur moyenne du fleuve ;

Sa hauteur minimum et la date de ce minimum ;

Le nombre de jours pendant lesquels son niveau s'est tenu :

à la cote 0^m50 de l'échelle et au-dessous :	à zéro et au-dessous :
à 0^m 25 et au-dessous :	à — 0^m 25 et au-dessous ;
	à — 0^m 50 et au-dessous.

J'ai commencé par admettre la division commune de l'année en deux moitiés, commençant ou finissant au 1er mai.

Mais il était nécessaire, avant d'entrer dans la discussion de l'influence du régime de la saison froide sur le régime de la saison chaude, de nettement définir et délimiter ces deux saisons.

La saison froide est celle des eaux habituellement hautes, et où par conséquent la majeure partie de la pluie profite aux cours d'eau,

Dans la saison chaude, les eaux sont habituellement basses ; et la presque totalité de la pluie, d'abord absorbée par un sol échauffé, est reprise par une évaporation souvent très-rapide.

Pour les cours d'eau qui, comme la Loire et ses principaux affluents, ont leur source dans les hautes montagnes, on conçoit que le régime d'hiver doit commencer plutôt et finir plus tard que pour ceux des plaines et bas plateaux.

La saison froide prédomine en effet dans les allures de la Loire.

Je vais essayer d'établir qu'elle embrasse les sept mois de novembre à mai inclusivement.

Ma méthode, dans cette recherche de la délimitation des deux saisons froide et chaude, a été la suivante :

De sa source au Bec d'Allier, la Haute-Loire coule du sud au nord, et parcourt une longueur de 440 kilomètres. Jusques-là, elle ne diffère pas, dans son régime, des grands affluents qu'elle reçoit successivement dans son long cours de 980 kilomètres.

Elle contribue avec eux, et plus puissamment qu'aucun d'eux, à la formation des grandes crues.

Ainsi, son débit maximum par seconde, dans la crue extraordinaire de 1856, était de (1) 6,500 m. c. avant sa jonction

---

(1) Le débit maximum de la Loire a probablement atteint 7,500 m. c. par seconde dans la crue de 1846 ; et le débit maximum de l'Allier a dû dépasser 7,000 m. c. dans la crue de 1790.

La crue de mai 1856, la plus forte connue du Cher, a donné au maximum 3,000 m. c. par seconde.

On peut évaluer à 4,200 m. c., le débit maximum de la Vienne pour la plus haute crue connue, et en supposant la coïncidence entre les crues de la Creuse et de la Vienne. (*Mémoire du 23 novembre 1857 de M. Comoy. sur les crues de la Loire.*)

avec l'Allier : tandisque le débit maximum de l'Allier était de 6,000 m. c. dans la même crue.

Mais, à partir du Bec-d'Allier, la Loire n'est plus que le canal d'écoulement des crues de ses grands affluents.

Elle offre notamment cette particularité remarquable, que, du Bec-d'Allier au confluent du Cher, sur un parcours de 300 kilomètres, le flot des crues s'écoule sans éprouver de changement notable dans son volume total.

Et cela est sourtout vrai pour Orléans, situé à 173 kilomètres en aval du Bec-d'Allier ; parce que le fleuve ne reçoit entre ces deux points que des ruisseaux ou petits cours d'eau sans importance.

C'est à Orléans que j'ai étudié les changements d'état de la Loire, changements uniquement influencés par les pluies des deux bassins de la Haute-Loire et de l'Allier, et qui indiquent le passage d'une saison à l'autre.

Mon étude embrasse l'ensemble des faits recueillis pendant la longue période de 44 ans, de 1830 à 1873 inclusivement.

J'ai commencé par faire le relevé de toutes les crues (1) de 2^m 00 et au dessus.

Il y en a eu 175, qui se répartissent ainsi qu'il suit :

en Mai	12	
en Juin	11	
en Juillet	1	43
en Août	2	
en Septembre	2	
en Octobre	15	
en Novembre, Décembre, Janvier, Février, Mars, et Avril		132

-----

(1) Voir le relevé des hauteurs d'eau de la Loire à Orléans, depuis 1830 jusqu'à 1874, mettant en comparaison la saison froide et la saison chaude (Tableau n° 1.)

— 10 —

Le résultat de cette première recherche est que Mai comme Octobre sont deux époques incertaines ou de transition, n'appartenant pas plus à une saison qu'à l'autre.

Ensuite de cela, j'ai recherché (1) les dates du plus bas niveau de chaque année.

Je les donne, ci-après, groupées par mois :

Années	Minimum	Dates	Années	Minimum	Dates	Années	Minimum	Dates
			1859	0m.05	13 Août	1851	0m.25	23 Sept.
1852	0m.44	29 Mai	1862	0.00	17 —id—	1853	0.42	6 —id—
			1863	—0.28	18 —id—	1861	—0.18	13 —id—
1860	0.62	28 Juillet	1866	—0.05	7 —id—	1864	—0.48	23 —id—
1870	—0.98	26 et 27 Juil.	1868	—0.52	4 —id—	1867	—0.21	17 —id—
			1873	—0.53	24 —id—	1869	—0.74	9,10,11,12 id
1832	—0.39	25 et 26 Août				1871	—0.69	15, 16, 17 id
1833	—0.24	13 —id—	1840	0.10	12 et 13 Sept.	1831	0.27	1, 2, 4 Oct.
1834	—0.15	24 —id—	1841	0.65	27 —id—	1837	0.35	24 —id—
1835	0.08	19 —id—	1842	0.45	1 —id—	1847	0.17	11 —id—
1836	—0.07	7 —id—	1843	0.50	5 —id—	1854	0.21	3 —id—
1838	0.30	26 et 27 -id-	1844	—0.15	15 et 16 -id-	1865	—0.60	7, 8, 9 -id-
1839	—0.05	19,20,21 id	1845	0.68	2 —id—	1872	—0.48	7 —id—
1855	0.40	27,28,29 id	1846	0.40	25 —id—			
1856	0.52	19 —id—	1848	0.15	24 —id—			
1857	0.30	5 —id—	1849	0.17	9 —id—			
1858	—0.06	18 —id—	1850	0.32	24 —id—			

On voit par cette nomenclature des dates annuelles du ni-

---

(1) Voir le relevé des hauteurs d'eau de la Loire à Orléans, depuis 1830 jusqu'à 1874, mettant en comparaison la saison froide et la saison chaude (Tableau nº 1).

veau minimum de la Loire à Orléans, que, sur les 43 années
de 1831 à 1873 inclus, le minimum s'est produit :

Une seule fois en mai, le dernier jour de ce mois ;

Deux fois en juillet seulement ; en août 17 fois ; en septembre
17 fois ; et en octobre 6 fois.

Par là, il semble que le mois de mai dépend plus de la saison
froide que de la saison chaude ; et que c'est le contraire pour le
mois d'octobre.

Mais c'est en comparant :

D'une part, mai avec avril, et octobre avec novembre ;

D'autre part, mai avec l'hiver précédent et l'été suivant ;
octobre avec l'été précédent et l'hiver suivant ;

Qu'on aperçoit le véritable caractère de chacun de ces deux
mois.

J'ai dressé à cet effet les trois tableaux qui suivent :

Dans le 3me la hauteur d'eau moyenne de l'été est celle des six
mois du 1er mai au 31 octobre ; et la hauteur d'eau moyenne
de l'hiver celle des six mois du 1er novembre au 30 avril.

COMPARAISON DES MOIS D'AVRIL ET MAI.

Années	Hauteur moyenne du mois		Nombre de jours en mai au-dessous DES NIVEAUX.			Années	Hauteur moyenne du mois		Nombre de jours en mai au-dessous DES NIVEAUX.		
	Avril	Mai	0m50	0m25	zéro		Avril	Mai	0m50	0m25	zéro
1830(a)	0m99	0m52	13	»	»	1853	1m26	1m33	»	»	»
1831	0.92	1.43	»	»	»	1854	0.56	0.90	»	»	»
1832	0.49	0.40	23	5	»	1855(a)	1.06	0.98	»	»	»
1833(a)	1.90	0.78	5	»	»	1856	1.13	2.79	»	»	»
1834( )	0.12	0.21	25	21	»	1857	1.27	0.86	»	»	»
1835(a)	0.62	0.66	7	»	»	1858	1.02	0.79	»	»	»
1836	1.36	1.69	»	»	»	1859	0.86	0.91	»	»	»
1837	1.13	1.56	»	»	»	1860	1.30	0.95	»	»	»
1838	0.97	1.04	»	»	»	1861	1.03	0.77	»	»	»
1839	1.16	0.79	»	»	»	1862(a)	0.83	0.40	24	2	»
1840	0.82	0.92	»	»	»	1863	0.87	0.74	»	»	»
1841(a)	1.46	1.04	»	»	»	1864(a)	0.74	0.28	28	10	3
1842	1.34	0.91	»	»	»	1865	0.95	0.67	»	»	»
1843(a)	1.09	0.96	»	»	»	1866(a)	1.41	0.72	4	»	»
1844(a)	1.00	0.66	12	»	»	1867	1.20	0.92	»	»	»
1845(a)	1.68	1.01	»	»	»	1868	0.77	0.80	1	»	»
1846	2.17	1.70	»	»	»	1869	1.06	0.77	»	»	»
1847(a)	1.82	0.87	»	»	»	1870(a)	0.27	—0.28	31	31	31
1848(a)	2.08	0.77	»	»	»	1871( )	0.43	0.21	31	28	24
1849	1.02	0.93	»	»	»	1872	0.57	1.11	3	»	»
1850	0.96	0.83	»	»	»	1873	1.05	0.80	»	»	»
1851	1.18	1.28	»	»	»	1874(a)	0.35	—0.26	31	31	29
1852	0.64	0.68	6	»	»						

(a) Années (au nombre de 17), où le mois de mai commence la saison chaude ou des basses eaux.
Pendant les 28 autres, il appartient à la saison froide ou des eaux hautes.

COMPARAISON DES MOIS D'OCTOBRE ET NOVEMBRE.

Années	Hauteur moyenne du mois		Nombre de jours en Octobre au-dessous des niveaux			Années	Hauteur moyenne du mois		Nombre de jours en Octobre au-dessous des niveaux		
	Octob.	Nov.	0m50	0m25	zéro		Oct.	Nov.	0m50	0m25	zéro
1830(a)	0m10	0m41	31	22	14	1853(a)	0m78	0m95	»	»	»
1831(a)	0.59	0.59	14	»	»	1854( )	0.40	1.04	24	4	»
1832(a)	—0.22	0.26	31	31	31	1855(a)	0.99	1.83	4	»	»
1833	0.78	0.49	4	»	»	1856(a)	0.84	0.82	»	»	»
1834(v)	0.05	0.59	31	31	14	1857	1.29	0.93	»	»	»
1835	1.17	0.77	»	»	»	1858(a)	0.40	0.47	25	2	»
1836	1.10	1.63	»	»	»	1859(a)	0.40	0.81	18	17	»
1837(a)	0.52	1.04	14	»	»	1860	0.94	0.95	»	»	»
1838(a)	0.64	0.93	4	»	»	1861( )	0.06	0.32	31	31	4
1839	1.50	1.87	»	»	»	1862	0.77	0.91	»	»	»
1840(a)	0.41	2.41	24	»	»	1863	1.06	0.90	»	»	»
1841	1.78	1.85	»	»	»	1864(a)	—0.03	1.20	25	25	25
1842(a)	0.80	1.41	»	»	»	1865(a)	—0.34	0.66	28	27	27
1843(a)	0.95	1.62	»	»	»	1866	0.98	0.75	»	»	»
1844	1.17	1.21	»	»	»	1867	0.59	0.68	11	10	9
1845	1.25	1.37	»	»	»	1868	1.18	1.02	»	»	»
1846	1.66	1.01	5	»	»	1869(a)	—0.56	—0.08	31	31	31
1847(a)	0.39	0.60	21	10	»	1870(a)	—0.78	0.57	31	31	31
1848(v)	0.64	0.80	5	»	»	1871(a)	—0.30	0.29	31	31	31
1849	0.80	1.04	1	»	»	1872	1.12	1.41	7	7	7
1850	0.80	0.82	[»	»	»	1873(a)	—0.19	0.67	29	27	26
1851	0.64	0.68	[»	»	»						
1852(a)	0.89	1.54	»	»	»						

(a) Années (au nombre de 25), pour lesquelles octobre appartient à la saison des basses eaux, c'est-à-dire à la saison chaude. Il commence la saison froide pour les 19 autres.

RELEVÉ DES ANNÉES PENDANT LESQUELLES LES MOIS DE MAI ET D'OCTOBRE
ont eu des hauteurs d'eau qui les classent dans la saison d'hiver.
L'HIVER, DANS CE RELEVÉ, COMMENCE AU 1er NOVEMBRE ET L'ÉTÉ AU 1er MAI.

RELEVÉ RELATIF AU MOIS DE MAI.				RELEVÉ RELATIF AU MOIS D'OCTOBRE			
Années	Hauteur moyenne de la Loire à Orléans.			Années	Hauteur moyenne de la Loire à Orléans.		
	Hiver précéd.	en Mai	été		été	en octob.	Hiver suivant.
1831	1m14	1m43	0m87	1833	0m31	0m78	0m76
1832	0.58	0.40	0.04	1835	0.91	1.17	1.15
1836	1.15	1.69	0.69	1836	0.69	1.10	1.30
1837	1.30	1.56	0.82	1839	0.61	1.50	1.47
1838	1.18	1.04	0.71	1841	1.03	1.78	1.42
1839	1.29	0.79	0.61	1844	0.59	1.17	1.44
1840	1.47	0.92	0.52	1845	1.02	1.25	1.59
1842	1.42	0.91	0.72	1846	1.05	1.66	1.31
1846	1.59	1.70	1.05	1849	0.67	0.80	1.10
1849	0.92	0.93	0.67	1850	0.70	0.80	0.96
1850	1.10	0.83	0.70	1851	0.64	0.64	0.76
1851	0.96	1.28	0.64	1857	0.77	1.29	0.86
1853	1.25	1.33	0.89	1860	0.90	0.94	1.19
1854	0.82	0.90	0.76	1862	0.54	0.77	1.04
1856	1.27	2.79	1.39	1863	0.46	1.06	0.78
1857	1.19	0.86	0.77	1866	0.73	0.08	1.28
1858	0.86	0.79	0.39	1867	0.49	0.59	0.78
1859	0.86	0.91	0.48	1868	0.28	1.18	1.03
1860	1.17	0.95	0.90	1872	0.49	1.12	1.39
1861	1.19	0.77	0.44				
1863	1.04	0.74	0.46				
1865	1.06	0.67	—0.08				
1867	1.28	0.92	0.49				
1868	0.78	0.80	0.28				
1869	1.03	0.77	—0.06				
1872	0.56	1.11	0.49				
1873	1.39	0.80	0.10				

En ce qui concerne le mois de mai, il résulte de l'examen du premier tableau, que, pour 17 années seulement sur les 45 années de la période 1830 à 1874 inclus, le mois de mai appartient plutôt à l'été qu'à l'hiver :

Ce sont les années 1830, 1833, 1834, 1835, 1841, 1843, 1844, 1845, 1847, 1848, 1855, 1862, 1864, 1866, 1870, 1871 et 1874.

Et le 3me tableau confirme, que, pour les 28 autres années, il apppartient bien effectivement à l'hiver.

En ce qui concerne le mois d'octobre, le deuxième tableau fait voir, que, dans la période des 44 années 1830 à 1873 inclus, il y en a 25 pour lesquelles octobre est à l'été.

Et le troisième tableau confirme, qu'en effet il appartient à l'hiver pour les 19 autres années seulement, savoir : 1833, 1835, 1836, 1839, 1841, 1844, 1845, 1846, 1849, 1850, 1851, 1857, 1860, 1862, 1863, 1866, 1867, 1868 et 1872.

Ainsi, la discussion des observations hydrométriques régulièrement faites à Orléans pendant la période de 1830 à 1874, me paraît démontrer que la saison chaude, dans le bassin de la Loire, ne commence réellement qu'au 1er juin ; mais qu'elle finit, comme dans le bassin de la Seine, au 31 octobre.

En ce qui concerne le régime des cours d'eau ; l'année, dans cette grande région de la France, comporte donc deux saisons inégales :

La saison chaude, composée des cinq mois de juin à octobre inclusivement.

La saison froide, composée des sept mois de novembre à mai inclusivement.

La démonstration qui précède repose uniquement sur des faits d'observations hydrométriques embrassant une période de 45 années.

Elle est du reste corroborée par l'examen de la distribution de la pluie annuelle entre les divers mois froids et chauds de l'année.

On sait que l'altitude et le grand éloignement des côtes ont une influence de même nature sur le phénomène de la pluie.

Les lieux bas ou voisins des côtes reçoivent pendant l'hiver la plus forte part de la pluie annuelle : et c'est le contraire qui a lieu pour les pays élevés ou éloignés de la mer.

L'hiver en effet, les côtes plus froides que les vents de mer condensent les nuages, qui se déchargent par suite en plus ou moins grande partie, avant de pénétrer dans l'intérieur des terres.

Tandis qu'en été, ce sont les côtes qui réchauffent les vents de mer, dont les nuages s'avancent alors vers les sommets du bassin, grossis plus ou moins de nouvelles vapeurs aspirées dans leur passage sur les terres basses.

Partant de ce principe, j'ai mis en comparaison les pluies observées en deux points situés dans les conditions propres à sa manifestation.

Digoin et Bressuire se trouvent dans ces conditions.

Digoin est placé sur la Loire tout près de la région montagneuse où se forment les crues.

Bressuire est sur l'un des petits affluents du fleuve, dans le voisinage de l'Océan.

J'ai recherché la hauteur moyenne de la pluie des 12 années 1862 à 1873, tombée dans chaque mois, en l'un et l'autre de ces deux points.

Le tableau suivant en présente les résultats.

	BRESSUIRE		DIGOIN	
Janvier	0ᵐ 096		0ᵐ 056	
Février	0. 052	} 0ᵐ 148	0. 041	} 0ᵐ 097
Mars	0. 068		0. 063	
Avril	0. 042	} 0. 163	0. 048	} 0. 170
Mai	0. 053		0. 059	
Juin	0. 045		0. 073	
Juillet	0. 037		0. 061	
Août	0. 039	} 0. 276	0. 078	} 0. 383
Septembre	0. 068		0. 072	
Octobre	0. 087		0. 099	
Novembre	0. 074		0. 063	
Décembre	0. 068	} 0. 142	0. 051	} 0. 114
Hauteur moyenne annuelle	0ᵐ 729		0ᵐ 764	

D'après ces résultats, qui vérifient d'une manière frappante la loi de la distribution de la pluie dans le même lieu entre l'été et l'hiver, octobre a sa place nettement marquée dans la saison chaude.

Car la pluie de Digoin continue à y dominer celle de Bressuire comme dans tous les mois d'été ; moins fortement sans doute qu'en juin, juillet et août, mais au moins autant qu'en septembre.

Quant au mois de mai, il y apparaît ainsi qu'avril, et au même degré qu'avril, comme un mois de transition entre l'hiver et l'été.

Il serait donc aussi bien d'hiver que le mois d'avril, d'après ces faits.

Mais les observations hydrométriques établissent suffisamment qu'il doit être considéré comme le dernier mois de la saison froide.

III

DE L'INFLUENCE DU RÉGIME D'HIVER SUR LE RÉGIME D'ÉTÉ.

J'aborde maintenant la discussion des faits hydrométriques constatés jour par jour à Orléans, depuis 1830.

Ces faits consistent uniquement dans des hauteurs d'eau, dont j'ai présenté le relevé sous la forme méthodique ci-dessus indiquée.

Pour la Loire, on manque absolument des moyens de comparaison plus sûrs qu'offre la connaissance des débits. Les jaugeages y sont difficiles, s'accordent rarement et exigent des opérations longues et pénibles en raison de la largeur démesurée (1) de son lit.

---

(1) Le débit *minimum apparent* de la Loire (celui de l'étiage extraordinaire de 1870 qui s'est abaissé à la cote — 0 m. 98 de l'échelle d'Orléans), est à

D'ailleurs une partie assez importante de l'écoulement des eaux d'étiage se fait au travers de l'épaisse couche de sable qui forme le fond du lit.

Dans un premier examen rapide du relevé général susdit, on est d'abord frappé par un fait remarquable.

On voit une longue période d'humidité se continuer presque sans interruption de 1830 à 1863 inclusivement : puis, à partir de là, une période également continue de sécheresse marquée.

Avant 1863, on ne trouve qu'une seule année où la hauteur moyenne de l'été soit inférieure à zéro :

---

peine de 20 m. c. 00, immédiatement au-dessous du confluent du Loiret, c'est-à-dire à 8 kilomètres en aval d'Orléans ; et la Loire a plus de deux fois la largeur de la Seine, dont le débit *minimum* est de 36 mètres cubes entre le confluent de la Marne et Paris.

Les 5 et 6 juillet 1870, l'eau étant à la cote — 0 m. 81 de l'échelle susdite, deux jaugeages faits par M. l'Ingénieur Sainjon, le premier à 67 m. 70 en amont du viaduc, le deuxième à 160 m. 00 en amont du confluent du Loiret, ont donné : l'un 5 m. c. 59 ; l'autre 12 m. c. 63. Cette grande différence, il faut le dire, est due à des sources de fond alimentées par le plateau perméable de la Beauce.

Mais, en aval du Loiret, le jaugeage a donné 21 m. c. 73 ; d'où il semblerait que le Loiret a dû ajouter au débit 9 m. c. 10, tandis que le jaugeage direct du Loiret, tout près de son embouchure, n'a accusé que 7 m. c. 56.

On sait sans doute que le Loiret est un tout petit affluent de la rive gauche, fort remarquable par cette particularité qu'il prend naissance dans le grand val d'Orléans et finit avec ce val, dont il dessine le thalweg d'un bout à l'autre.

Il est en communication souterraine avec le fleuve dans presque toute la longueur de cette partie importante de la vallée de la Loire.

A l'extrémité d'amont, comme à l'extrémité d'aval, on a toujours trouvé le même débit.

Tandis que ce débit est réduit aux ponts d'Orléans et dans les bas étiages de plus de moitié. Pour l'étiage exceptionnellement bas de 1870, il est même réduit de 21 m. c. 73 à 5 m. c. 59, comme on peut le voir :

C'est l'année 1832, où cette hauteur moyenne est — 0m02, et la hauteur minimum — 0m39.

Et, dans cette période d'humidité de trente quatre années consécutives, on ne compte que neuf années où le plus bas niveau d'étiage soit au dessous du zéro de l'échelle.

Elles sont indiquées par le tableau ci-dessous :

	HAUTEUR DE LA LOIRE pendant la saison chaude.		NOMBRE DE JOURS pendant lesquels le niveau s'est tenu :	
	Moyenne.	Minimum.	à zéro et au-dessous.	à — 0m25 et au-dessous.
Eté 1832....	— 0m02	— 0m39	113	33
1833....	0.22	— 0.24	41	»
1834....	0.37	— 0.15	29	»
1836....	0.49	— 0.07	19	»
1839....	9.57	— 0.05	17	»
1844....	0.58	— 0.15	24	»
1858....	0.31	— 0.06	4	»
1861....	0.37	— 0.18	20	»
1863....	0.41	— 0.28	45	9
Moyenne de l'ensemble des 33 étés 1831 à 1863 inclus..............	0.66	0.20	9.45	1.27
Moyenne des 24 années de cette période autres que les 9 ci-dessus.	0.75	0.33	»	»

Une particularité est à noter dans ce premier examen.

Dans le bassin de la Seine, (Belgrand, page 326), la période actuelle de sécheresse commence à 1857, succédant à une période d'humidité de 30 ans, de 1827 à 1856 inclusivement. Et l'année 1858 est citée comme une année de sécheresse exceptionnelle, telle qu'on n'en avait pas vu depuis le commencement du siècle.

D'après le tableau ci-dessous, extrait d'une note présentée par MM. Belgrand et Lemoine à la séance du 1er juin dernier de l'académie des sciences, cette sécheresse de 1858 ne serait surpassée que par celle de l'été 1870.

HAUTEUR MINIMUM DE L'ÉTIAGE DE LA SEINE A MANTES.

1857	1858	1859	1860	1861	1862	1863	1864	1865	1866	1867	1868	1869	1870	1871	1872	1873
0.36	0.09	0.18	0.97	0.26	0.50	0.18	0.25	0.12	0.67	0.52	0.09	0.18	0.01	0.26	0.11	0.48

Or, dans le bassin de la Loire, la période de sécheresse marquée ne commence qu'à l'année 1864. Et dans la longue période d'humidité antérieure à 1864, l'été 1858 paraît le moins sec des 9 étés ci-dessus désignés, où le niveau d'étiage s'est abaissé au dessous du zéro de l'échelle du pont d'Orléans.

Le tableau qui suit montre en outre que l'année 1858 serait une année de haut étiage, ou relativement humide, dans la période de sécheresse que nous traversons actuellement.

	été 1858	été 1864	été 1865	été 1866	été 1867	été 1868	été 1869	été 1870	été 1871	été 1872	été 1873	été 1874
moyenne	0m31	—0.04	—0.23	0.73	0.40	0.18	—0.12	—0.78	—0.29	0.36	—0.03	—0.31
minimum	—0.06	—0.48	—0.60	—0.05	—0.21	—0.52	—0.74	—0.98	—0.69	—0.48	—0.53	—0.70
de jours pendant lesquels — au-dessous de zéro	4	109	132	3	30	83	109	153	128	58	99	130
niveau maintenu au-dessous de —0m25	»	69	93	»	»	57	101	152	109	35	62	102

Ainsi, cette première partie de la discussion a déjà mis en évidence un phénomène important.

Pourquoi cette sécheresse exceptionnelle persistante depuis 1864, après une longue période continue d'humidité d'au moins 34 ans ?

En faut-il conclure que les pluies sont plus rares et moins intenses depuis 1864 ?

Je ne saurais personnellement répondre à cette question.

Mais M. Belgrand l'attribue à la mauvaise répartition des pluies, plutôt qu'à leur rareté.

« En remontant jusqu'au commencement du xvII⁰ siècle, on
« ne trouve (1), dit-il, aucun exemple d'une sécheresse pareille
« à celle de la période 1857 à 1865 inclus.

« Ce qu'il y a de singulier, c'est que cette sécheresse extrême
« ne se justifie *nullement par la diminution des moyennes*
« *annuelles des hauteurs de pluie.*

« On peut citer bien des années moins pluvieuses que celles-
« ci, et dont la sécheresse a été insignifiante.

« Cela tient à ce que l'abaissement du niveau des cours d'eau et
« des sources dépend surtout de la saison où la pluie tombe.

« Les pluies discontinues de la saison chaude ne profitent
« pour ainsi dire point aux cours d'eau.

« C'est donc la mauvaise répartition de la pluie, non moins
« que sa rareté, qui produit la sécheresse des saisons
« chaudes. »

J'ai dit que le but principal de mon étude comparée des régimes d'hiver et d'été était de reconnaître l'influence de la sécheresse du premier sur celle du second.

La suite de ma discussion va démontrer que l'intervention des pluies de l'été contrebalance assez souvent cette influence des sécheresses antérieures.

Afin de la rendre à la fois plus facile et plus claire, j'ai réuni,

---

(1) Etudes hydrologiques du bassin de la Seine, pages 328 et suivantes.

— 23 —

dans le tableau synoptique ci-après, *tous* les hivers secs, qui
sont confondus dans le relevé général des états successifs de la
Loire depuis 1830.

Les régimes d'été y sont présentés, comme dans ledit relevé
général, en regard du régime de l'hiver précédent.

RÉGIME D'HIVER						RÉGIME D'ÉTÉ							
ANNÉES	Hauteur d'eau moyenne	NOMBRE DE JOURS au-dessus de				ANNÉES	Hauteurs d'eau		Nombre de jours au-dessous de				
		Zéro	0m50	1m00	1m50		moyenn.	minim.	0m50	0m25	Zéro	—0m25	—0m50
1831-32	0m55	212	134	7	»	1832	—0m02	—0m39	131	124	113	33	»
1833-34	0.68	205	114	43	29	1834	0.37	—0m15	109	77	29	»	»
1834-35	0.79	212	169	39	14	1835	0.96	0.08	84	7	»	»	»
1848-49	0.92	212	212	36	14	1849	0.62	0.17	57	10	»	»	»
1851-52	0.75	213	206	10	»	1852	1.00	0.44	8	»	»	»	»
1853-54	0.83	212	203	31	8	1854	0.73	0.24	33	6	»	»	»
1857-58	0.85	212	195	36	9	1858	0.31	—0.06	121	73	4	»	»
1858-59	0.87	212	204	23	10	1859	0.39	0.05	98	82	»	»	»
1861-62	0.62	212	144	2	»	1862	0.57	0.00	56	26	»	»	»
1863-64	0.70	209	164	16	2	1864	—0.04	—0.48	133	127	109	69	»
1867-68	0.79	213	194	27	5	1868	0.18	—0.52	107	94	83	57	4
1869-70	0.41	155	118	4	»	1870	—0.78	—0.98	153	153	153	152	151
1870-71	0.63	189	136	20	3	1871	—0.29	—0.69	149	134	128	109	43
1871-72	0.60	194	140	20	10	1872	0.36	—0.48	98	77	58	35	»
1873-74	0.34	169	67	»	»	1874	—0.31	—0.70	146	141	130	102	50

L'absence d'interligne signifie, que, (*pendant l'été qui a précédé l'année
inférieure*) la Loire a été habituellement haute.

Dans les 15 hivers secs de ce tableau, quels sont ceux qui ont fait sentir visiblement leur action sur le régime d'été suivant, avec le concours des sécheresses antérieures ?

Et quels sont ceux, dont l'action est annulée par une autre influence, qui ne peut être évidemment que celles des pluies de l'été ?

Je commence par les premiers.

1° L'hiver 1831-32 est très-bas. L'été 1832 est bas aussi. C'est le seul bas de la période d'humidité. La Loire s'était maintenue à un haut étiage pendant l'été antérieur.

2° L'été 1834, un peu bas, et précédé par un été un peu plus bas encore, semble aussi influencé par l'hiver 1833-34.

3° L'été 1858 reproduit à très-peu près l'été 1834, bien qu'il succède à un hiver un peu moins sec et à un été dont la hauteur moyenne atteint 0m75.

4° L'été 1864, comparable à celui de 1832, est précédé d'un hiver moins sec que l'hiver 1831-32 ; mais l'été 1863 est un peu bas, tandis que l'été 1831 est au contraire assez haut.

5° L'été 1868 présente le même état et les mêmes circonstances antérieures que l'été 1864.

6° L'été 1870, d'une sécheresse tout à fait extraordinaire ; puisque la Loire s'est tenue 151 jours sur 153 au dessous du niveau —0m 50 ; et que son minimum est descendu au niveau —0m 98, *le plus bas connu ;* manifeste surtout avec éclat l'action de l'extrême sécheresse de l'hiver, et de l'été fort sec aussi de 1869.

7° Enfin 1871 et 1874 sont encore des confirmations du principe de l'action de la sécheresse de l'hiver sur le régime d'été.

Voici maintenant les faits qui infirment ce principe.

1° L'été de 1835 se fait remarquer par des eaux très-hautes. Il succède pourtant à un hiver plus sec que l'hiver 1857-1858.

2° L'été de 1849 est dans le même cas.

3° La même anomalie se remarque pour l'été 1852:

4° Egalement pour l'été 1854.

5° Pour l'été 1862, [la] contradiction mérite surtout d'être notée.

L'hiver 1861-1862 est évidemment plus sec que l'hiver 1863-1864:

Les étés 1861 et 1863 ont une assez grande ressemblance dans le régime de la Loire, comme le montre le relevé général.

Et cependant l'été 1862 a sa place parmi les étiages élevés, tandis que celui de 1864 a la sienne parmi les bas étiages.

Les observations pluviométriques, organisées et poursuivies régulièrement dans le bassin depuis 1862, permettent d'expliquer cette divergence d'allures de la Loire, à Orléans, pendant les deux étés 1862 et 1864.

L'été 1862 a été plus pluvieux que celui de 1864; et cela a suffi pour contrebalancer l'influence de la sécheresse de l'hiver et de l'été précédents.

A Roanne, (1) du 1er Mai au 31 Octobre, les hauteurs de pluie et les nombres de jours de pluie ont été en effet les suivants :

	1862	1864
Hauteurs de la pluie	0.544	0.402
Nombre de jours de pluie	57	41

---

(1) Les résultats de Roanne sont, pour la saison chaude, très-rapprochés des moyennes arithmétiques de l'ensemble des stations des deux bassins de la Haute-Loire et de l'Allier.

Les relevés que j'ai faits des pluies observées dans ces deux bassins, ne commençant qu'au 1er novembre 1862, pour l'ensemble des stations, j'ai dû prendre Roanne pour terme de comparaison.

Je pourrais m'en tenir là ; car la démonstration me semble déjà suffisante contre l'application au bassin de la Loire des principes établis par M. Belgrand pour la prévision des sécheresses de la Seine.

Mais je crois bon de signaler à l'appui de cette démonstration d'autres contradictions remarquables dans les rapports des régimes d'été avec les régimes d'hiver : d'autant que ces contradictions se montrent dans la période de sécheresse : et que les observations pluviométriques poursuivies pendant cette période permettent de reconnaître qu'elles sont dues à l'intervention des pluies d'été.

A cet effet, j'ai groupé dans le tableau ci-dessous les années dont le rapprochement fait ressortir ces divergences.

RÉGIME OU SAISON D'HIVER				RÉGIME OU SAISON D'ÉTÉ							
ANNÉES	Hauteur d'eau moyenne	Nombre de jours pendant lesquels la Loire s'est tenue			ANNÉES	Hauteurs d'eau		Nombre de jours pendant lesquels la Loire s'est tenue			Hauteur moyenne de la pluie dans le bassin	Nombre moyen des jours de pluie dans le bassin
		à 0ᵐ50 et au-dessus	à 1ᵐ00 et au-dessus	à 1ᵐ50 et au-dessus		moyenne	Mimimum	à zéro et au-dessous	à −0ᵐ25 et au-dessous	à −0ᵐ50 et au-dessous		
1863-64	0ᵐ70	164	16	2	1864	−0ᵐ04	−0ᵐ48	109	69	»	0ᵐ447	48
1864-65	1.00	212	64	24	1865	−0.23	−0.60	132	93	27	0.389	47
1865-66	0.95	201	58	27	1866	0.73	−0.05	3	»	»	0.580	65
1867-68	0.79	194	27	5	1868	0.18	−0.52	83	57	4	0.576	53
1868-69	0.99	212	67	20	1869	−0.21	−0.74	109	101	75	0.344	46
1869-70	0.41	118	4	»	1870	−0.78	−0.98	153	152	151	0.315	43
1870-71	0.63	136	20	3	1871	−0.29	−0.69	128	109	43	0.415	50
1871-72	0.60	140	20	10	1872	0.36	−0.48	58	35	»	0.634	71
1872-73	1.29	212	115	59	1873	−0.03	−0.53	99	62	4	0.376	50

On y voit :

En 1er lieu, une grande dissemblance entre les 2 étés 1865 et 1866 ; celui-ci haut, l'autre au contraire très-bas.

Et cependant l'été 1866 devait donner un étiage encore plus bas que celui de 1865 ; sous le rapport de la sécheresse de l'hiver et de l'été antérieurs.

Mais les résultats moyens de la pluie tombée dans les deux bassins de la Haute-Loire et de l'Allier, pendant les six mois du 1er mai au 31 octobre sont les suivants :

	1865	1866
Hauteur de la pluie.	0m 389	0m 580
Nombre des jours de pluie.	47	65

En 2e lieu, une grande similitude entre les deux étés 1869 et 1865 qui sont précédés d'hivers et d'étés également semblables.

Aussi les deux étés 1869 et 1865 ont-ils été également pluvieux.

En 3e lieu, le niveau d'étiage se relevant d'une manière notable en 1872, bien que succédant à un hiver non moins sec que celui de 1870-1871, et aux sécheresses extrêmes de 1871 et 1870.

Cela, parce que l'été 1872 est le plus pluvieux de la période 1862 à 1874 inclus.

En 4e lieu enfin, l'été 1873 revenant aux bas niveaux, malgré l'action d'un hiver où la Loire a été plus forte qu'on ne l'avait vue depuis 16 ans dans cette saison ;

Aussi l'été 1873 est-il l'un des moins pluvieux observés.

En définitive, il me semble bien établi, par la discussion des observations hydrométriques constatées depuis 1830 et des observations pluviométriques poursuivies depuis 1862, que la loi de Dausse, vraie pour le bassin de la Seine, cesse de l'être pour celui de la Loire.

Que, par conséquent, l'action du régime d'hiver et l'influence des sécheresses antérieures peuvent souvent y être contrariées par les circonstances atmosphériques des mois chauds à venir.

Qu'ainsi, il ne faut pas songer à prévoir, vers la fin d'un hiver très-sec, le régime des eaux courantes pendant l'été suivant.

On serait exposé à de trop grands mécomptes dans ces prévisions.

IV

LE CLIMAT EST-IL HOMOGÈNE DANS TOUT LE BASSIN.

L'auteur du livre sur le régime de la pluie des cours d'eau et des sources du bassin de la Seine, y a consacré un chapitre à la démonstration de l'homogénéité du climat de toute la partie de la France située au nord de son haut plateau central.

Après avoir prouvé sa proposition en ce qui concerne le bassin de la Seine, il énonce que cette uniformité s'étend au-delà de ses limites et se montre également dans le bassin de la Loire.

« M. Minard, dit-il, a constaté que, la Seine à Paris et la « Loire à *Digoin*, pendant les 5 années de 1810 à 1815, étaient « presque toujours en crue en même temps.

« Je l'ai moi-même constaté pour 8 années, de 1844 à « 1851, sur les courbes de variation de niveau de la Loire à « *Saumur*.

« En examinant les courbes de variation de niveau de la

« Loire et de la Seine, on reconnaît qu'elles sont toujours en
« crue en même temps pendant les mois de novembre, décem-
« bre, janvier, février, mars et avril ; qu'il n'y a point d'excep-
« tions pour les crues importantes ; et que les exceptions sont
« même assez rares pour les variations de niveau les plus insi-
« gnifiantes. »

M. Belgrand voit, dans la constance de ce fait, la preuve de
l'uniformité du climat dans les deux bassins de la Seine et de
la Loire.

Il formule ainsi sa déduction :

« Toutes les pluies, qui produisent les crues dans les cours
« d'eau situés au nord du plateau central, sont des pluies géné-
« rales. »

Cette opinion m'a semblé bien absolue dans son expression.

Venant de l'auteur des belles recherches hydrologiques qui ont
le plus contribué aux progrès de cette science, elle se présente
avec une telle autorité, que j'ai cru ne pouvoir me dispenser de
faire connaître qu'elle n'était pas conforme à la réalité des choses.

En étudiant les crues de la Loire, on s'aperçoit qu'elle est
assez souvent haute ou basse à *Saumur*, pendant qu'elle est
basse ou haute à *Digoin* : et ces circonstances sont le résultat de
pluies *localisées*, soit dans le groupe des affluents inférieurs,
soit dans celui des affluents supérieurs.

Même il arrive maintes fois, que, dans chaque groupe, des
affluents restent tout à fait étrangers à la crue, et par conséquent
en dehors de la pluie.

Ces exceptions nombreuses ont été déjà signalées par
M. l'Inspecteur général Comoy, notamment dans son mémoire
du 23 novembre 1857 où il établit des règles pratiques pour annoncer les crues de la Loire.

Il cite la crue extraordinaire de 1843, qui s'en quelque sorte
passé inaperçue en amont de Tours, parce qu'elle a été presque
exclusivement produite par les affluents inférieurs.

Il cite la crue de 1846, désastreuse en amont de Tours, mais inoffensive en aval parce que le Cher et la Vienne n'ont pas donné.

Il cite deux crues d'Octobre 1857 :

Pour la première :

La Loire s'est élevée à 3^m 03, à Digoin ;

L'Allier à 1^m 51, à Moulins ; pendant que le Cher restait à 0^m 40 à Noyers ; et la Vienne à 0^m 25 à Châtellerault.

Pour la deuxième :

La Loire, à Digoin, s'est élevée à 4^m 23 ;

L'Allier, à Moulins, à 3^m 20 ; tandis que le Cher se tenait à 0^m 55 ; la Vienne à 0^m 25.

Il s'applique surtout à mettre en évidence une particularité très-remarquable.

Il montre que la Loire supérieure a quelquefois des crues même très-fortes, pendant que les eaux de l'Allier restent très-basses : et jamais dit-il la réciprocité n'a lieu, c'est-à-dire que l'on n'observe jamais de crue dans l'Allier sans crue correspondante de la Loire supérieure.

Or, comme ces deux affluents ont à très-peu près la même constitution géologique et topographique, comme ils ont au même degré le caractère torrentiel, c'est-à-dire que les pluies y grossissent aussi rapidement les cours d'eau : On doit nécessairement en conclure que les pluies sont plus rares sur le bassin de l'Allier que sur le bassin de la Haute-Loire.

Et M. Comoy démontre qu'il en doit être ainsi, d'après la disposition du massif montagneux qui circonscrit les deux vallées du côté du sud.

Mais l'on démontre moins clairement l'absence de crues sur le Cher et la Vienne, quand la Loire et l'Allier éprouvent de très-fortes crues, ou réciproquement.

M. Comoy dit à ce sujet :

« Il paraît difficile que le vent du *sud* amène des nuages

« pluvieux dans le Cher et la Vienne. Outre qu'il est vent de
« terre, pour ces bassins, à cause de la présence de l'Espagne,
« les nuages qu'il pourrait conduire dans cette direction verse-
« raient d'abord leur eau dans le bassin de la Garonne, et ne
« sauraient produire que des crues insignifiantes dans le Cher
« et la Vienne.

« Ainsi se trouveraient expliquées les crues *si nombreuses*
« qui ne résultent que des affluents supérieurs ; la Loire supé-
« rieure donnant seule ou avec l'Allier.

« Ces crues nous paraissent devoir être occasionnées par les
« vents du sud.

« Nous avons signalé plusieurs crues qui se manifestent
« d'une manière tout opposée : c'est-à-dire que les affluents
« inférieurs ont alors beaucoup d'eau, tandis que les affluents
« supérieurs n'en reçoivent que des quantités insignifiantes.

« Nous pensons que les crues de cette espèce sont pro-
« duites par les vents d'ouest qui amènent les nuages pluvieux
« dans la vallée de la Vienne distante de 130 kilomètres seu-
« lement du grand océan, et très-accessible de ce côté, le faîte
« qui la limite n'étant qu'à 250 mètres au-dessus du niveau
« de la mer.

« Les nuages peuvent ensuite se répandre facilement dans
« la vallée du Cher, séparée de celle de la Vienne par un faîte
« qui n'a que 400 mètres de hauteur. Dans ces conditions, les
« crues de la Vienne et du Cher doivent être plus fortes que
« celles des affluents supérieurs ; car les nuages ne pénètrent dans
« ces derniers qu'après avoir versé la plus grande partie de
« leur eau dans les bassins des affluents inférieurs.

« En résumant ce qui précède, les crues provenant princi-
« palement des affluents supérieurs seraient produites par les
« vents du sud ; et celles provenant principalement des affluents
« inférieurs, par le vents d'Ouest.

« Si les nuages pluvieux sont amenés par des vents dirigés

« entre le Sud et l'Ouest, *tous* les bassins des affluents supérieurs
« et inférieurs peuvent recevoir de l'eau, en quantité un peu
« plus ou un peu moins grande, suivant la direction du vent et
« la largeur de la zone occupée par les nuages.

« C'est sans-doute de cette manière que sont produites les
« grandes crues que *tous* les affluents concourent à former.

« Quand les choses se passent ainsi, les nuages traversent
« d'abord le bassin de la Garonne, peuvent s'y décharger en
« partie et donner alors moins d'eau dans les affluents de la
« Loire que les nuages poussés soit par le vent du Sud, soit par
« le vent d'Ouest. Aussi observe-t-on que les hauteurs d'eau des
« affluents sont généralement moins fortes, lors de ces crues
« générales, que lorsque les affluents supérieurs ou les affluents
« inférieurs forment seuls la crue de la Loire. »

Il ne me semble guères possible de mieux expliquer les causes
de l'abstention variable de l'un ou l'autre de ses grands affluents
dans les crues de la Loire.

Mais, quelles que soient ces causes, cette abstention est assez
fréquente pour que *la loi de la généralité des pluies*, prouvée
par M. Belgrand en ce qui concerne la Seine, puisse être con-
testée en ce qui concerne le bassin de la Loire.

Une décision ministérielle du 27 décembre 1862 a centralisé
au bureau de l'Ingénieur en chef de la 3ᵐᵉ Section de la Loire
le travail statistique de la constatation journalière des niveaux
de la Loire et de ses affluents, concurremment avec celle de la
pluie dans 83 localités du bassin convenablement choisies.

Chaque année, depuis 1862, deux tableaux graphiques, gra-
vés en un grand nombre d'exemplaires et distribués par l'Administration supérieure, résument :

L'un, les hauteurs de pluie mensuelles constatées dans les
83 stations pluviométriques :

L'autre, les variations diurnes du niveau des rivières.

J'ai fait, sur ces courbes annuelles du niveau des rivières, pour les 12 années 1862 à 1873 inclusivement, le relevé de toutes les crues, grandes, moyennes et petites, des six grands affluents du bassin :

Savoir :

La Loire supérieure à Digoin :

L'Allier à Moulins ;

Le Cher à Noyers :

La Creuse au Blanc ;

La Vienne à Châtellerault :

La Sarthe à Sablé :

J'appelle, ainsi que l'a fait M. Comoy :

Petites crues, celles qui ont moins de 2m00 à Orléans.

Crues moyennes, celles qui ont moins de 3m50 à Orléans.

Grandes crues, celles de 3m50 au moins à Orléans.

Voici le résultat de mon travail :

<table>
<tr><td rowspan="14">1862</td><td>Janvier . . . .</td><td>2 petites crues générales.</td></tr>
<tr><td>Février . . . .</td><td>Fluctuations générales.</td></tr>
<tr><td>Mars. . . . . .</td><td>1 petite crue générale, précédée de Fluctuations générales.</td></tr>
<tr><td>Avril. . . . . .</td><td>1 petite crue générale suivie d'une décroissance générale.</td></tr>
<tr><td>Mai . . . . . .</td><td>1 petite crue générale.</td></tr>
<tr><td>Juin . . . . . .</td><td>2 petites crues générales, moins la Sarthe.</td></tr>
<tr><td>Juillet . . . . .</td><td>1 petite crue générale, moins la Creuse et la Sarthe.</td></tr>
<tr><td>Septembre. . .</td><td>1 petite crue générale moins la Sarthe.</td></tr>
<tr><td>Octobre . . . .</td><td>1 petite crue générale.</td></tr>
<tr><td>Novembre. . .</td><td>1 petite crue générale, moins la Sarthe.</td></tr>
<tr><td rowspan="2">Décembre. . .</td><td>2 crues moyennes générales, moins la Sarthe.</td></tr>
<tr><td>2 petites crues générales.</td></tr>
</table>

	Janvier	1 crue moyenne générale.
		1 petite crue générale.
	Mars.	1 petite crue générale.
	Avril.	1 petite crue générale, *moins la Sarthe.*
1863	Juin-Juillet . .	1 petite crue générale.
	Septembre . .	1 petite crue générale.
	Octobre	1 crue *moyenne* générale.
	Novembre . . .	1 petite crue générale.
	Décembre . . .	1 petite crue générale.

	Février	1 petite crue générale, *sauf la Creuse.*
	Mars	1 petite crue générale.
	Mars-Avril. . .	1 petite crue générale.
	Mai	1 petite crue générale, *moins la Creuse,* qui persiste à décroître.
1864	Juin . . .	1 petite crue générale, très peu marquée dans la Creuse.
	Septembre. . .	1 petite crue générale, *moins la Creuse et la Sarthe.*
	Octob.-Nov. . .	1 crue *moyenne* générale, *moins le Cher, la Vienne et la Creuse.*
	Novemb.-Déc.	1 petite crue générale.
	Décembre . . .	1 petite crue générale.

	Janvier . .	1 crue *moyenne* générale.
	Février . . .	1 crue *moyenne* générale.
		1 petite crue générale.
	Mars	2 petites crues générales.
1865	Avril	2 petites crues générales.
		1 petite crue de la Creuse et de la Vienne *seules.*
	Mai	1 petite crue de la Creuse, de la Vienne et de la Maine *seules.*
	Juillet. . . .	1 petite crue générale, *moins l'Allier.*

1865 (suite).	Août . . .	1 petite crue générale, *moins l'Allier et la Sarthe.*
	Octobre . .	1 petite crue générale.
	Novembre. .	1 petite crue générale.
	Décembre .	1 crue *moyenne* générale, à peine sensible sur la Creuse.
1866	Janvier . .	2 petites crues générales.
	Février . .	3 petites crues générales, *très-faibles sur la Creuse.*
	Mars . .	1 petite crue à Orléans et Saumur, produite par la *Haute-Loire, la Vienne et la Sarthe seules.*
		1 crue *moyenne* générale.
	Avril . .	1 crue *moyenne* générale, suivie d'une décroissance continue jusqu'à la fin de Mai, sauf 2 recrudescences marquées du *Cher* et de la *Vienne.*
	Juin ..	1 petite crue générale.
	Juin-Juillet	1 petite crue générale.
	Septembre.	1 petite crue de la Haute-Loire et de l'Allier *seuls.*

1 crue *extraordinaire* générale, mais faible sur les affluents inférieurs.

Cher	2ᵐ97
Creuse	1ᵐ62
Vienne	1ᵐ15

	Novembre. .	1 petite crue générale.
	Décembre .	1 crue *moyenne* générale.
1867	Janvier . .	1 petite crue générale.
		2 crues *moyennes* générales.
		1 petite crue générale.
	Février . .	1 petite crue pendant laquelle le *Cher,* la *Creuse* et la *Vienne* sont restés immobiles.

1867	Mars	2 crues *moyennes* générales.
	Avril-Mai	1 petite crue générale.
	Mai	1 petite crue générale.
	Juin-Juillet	1 petite crue générale.
	Juillet	1 petite crue générale, *moins la Vienne et la Sarthe.*
		1 petit crue générale, *moins le Cher, la Vienne et la Sarthe.*
	Août	1 petite crue générale, *moins la Creuse et la Sarthe.*
	Octobre	1 petite crue générale.
	Novembre	1 petite crue générale, *moins la Creuse.*
	Décembre	1 petite crue générale, *moins la Creuse.* 1 petite crue générale
1868	Janvier-février	3 petites crues générales.
	Mars	1 petite crue générale, *moins la Sarthe et la Creuse.*
	Avril	1 petite crue générale.
	Mai	1 petite crue générale, *moins la Creuse et la Sarthe.*
	Juin	1 petite crue générale, *moins la Creuse et la Sarthe.*
	Août	1 petite crue générale, *moins la Sarthe.*
	Septembre	1 petite crue de la Haute-Loire et de l'Allier *seuls.*
	Octobre	1 petite crue générale. 1 crue *moyenne* générale.
	Novembre	1 petite crue générale, *moins la Sarthe.* 1 petite crue générale.
	Décembre	1 crue *moyenne* générale, exceptionnelle sur la Vienne.

1869	Février	1 petite crue générale. 1 petite crue générale, *moins la Sarthe.*
	Mars	1 crue *moyenne* générale. 1 petite crue générale.
	Avril	2 petites crues générales.
	Mai	1 petite crue générale, *moins le Cher.*
	Mai-Juin	1 petite crue générale, *très-forte sur le Cher.*
	Juin	1 petite crue générale.
	Juillet	1 petite crue générale.
	Juillet-Août	1 petite crue générale, *moins la Creuse et la Sarthe.*
	Novembre	1 petite crue générale, *moins la Creuse et la Sarthe.*
	Décembre	2 petites crues générales.
1870	Janvier	1 petite crue générale.
	Février	1 petite crue générale.
	Mars	1 petite crue générale, *moins la Creuse et la Sarthe.* 1 petite crue générale, *moins la Creuse, la Vienne et la Sarthe.*
	Avril-Mai et Juin	Décroissance continue générale, *sauf* 2 *très-petites crues de l'Allier et du Cher seuls.*
	Juillet-Août Septemb.-Oct.	Grande sécheresse générale.
	Novembre	2 petites crues générales.
	Décembre	1 petite crue générale.
1871	Janvier	1 petite crue générale, forte sur les affluents inférieurs.
	Février	1 petite crue générale.

1871 (suite).	Mars	1 petite crue générale.
	Avril	1 petite crue générale.
	Mai	1 petite crue générale, *moins la Haute-Loire et l'Allier.*
	Juin	1 petite crue générale.
	Juillet	1 petite générale, *moins la Sarthe.*
	Novembre	1 petite crue générale, *moins la Creuse et la Sarthe.*
	Décembre	1 petite crue générale.
1872	Janvier	1 petite crue générale, *moins l'Allier et le Cher.* 1 petite crue générale.
	Février	1 petite crue générale.
	Mars	1 petite crue de la *Haute-Loire* et de *l'Allier seuls.*
	Avril	2 petites crues générales, *moins l'Allier* 1 petite crue de la *Haute-Loire* et de *l'Allier seuls.*
	Mai	2 crues *moyennes* générales, *moins la Sarthe.*
	Juin	1 petite crue de la *Haute-Loire, du Cher, de la Creuse et de la Vienne seuls.*
	Juillet	1 petite crue générale, *moins le Cher, la Vienne et la Sarthe.*
	Août	2 petites crues générale, *moins la Sarthe.*
	Septembre	1 petite crue de *l'Allier, du Cher, de la Creuse et de la Vienne seuls.*
	Octobre	1 grande crue générale, *moins la Maine.*
	Novembre	1 crue *moyenne* générale.
	Décembre	1 crue *moyenne* générale.

<table>
<tr><td rowspan="2">1873</td><td>Janvier . .</td><td>1 grande crue générale, petite sur la Haute-Loire et l'Allier.
1 crue moyenne générale, à deux et trois maximum.</td></tr>
<tr><td></td><td></td></tr>
</table>

Janvier . .	1 grande crue générale, petite sur la Haute-Loire et l'Allier. 1 crue *moyenne* générale, à deux et trois maximum.
Mars. . . .	2 petites crues générales.
Avril. . . .	2 petites crues générales,
Mai	1 petite crue générale.
Juin	1 petite crue générale,
Juillet . . .	1 petite crue sur la Haute-Loire et l'Allier *seuls*.
Septembre . .	1 petite crue générale.
Octob.-Novem.	2 petites crues générales.
Décembre . . .	1 petite crue générale.

J'ai résumé ce relevé dans le tableau qui suit :

	Petites crues.	Crues moyennes.	Grandes crues.
Nombre des crues générales	77	18	2
Nombre des crues non générales auxquelles il a manqué. Un des six grands affluents.	19	4	1
deux — id —	16	»	»
trois — id —	7	1	»
quatre — id —	6	»	»
Nombre total des crues.	125	23	3

Ainsi, sur 125 petites crues, 48 ne sont pas générales : soit 38 (1) pour cent.

---

(1) Si l'examen n'est pas circonscrit aux six affluents principaux, et s'il s'étend sur les affluents secondaires tels que la Dore, la Sioule, l'Arroux, la Bèbre et l'Aron, le nombre des petites crues qui ne sont pas générales s'élève à 69 : c'est-à-dire à plus de la moitié du nombre total des petites crues.

Sur 23 crues moyennes, 5 ne sont pas générales : soit 22 pour cent ;

Et sur 3 grandes crues, une n'est pas générale : soit 33 pour cent.

J'ai compté, parmi les grandes crues générales, celle de janvier 1873 ; bien que la Loire soit restée presque stationnaire à la cote 1ᵐ 01 à Orléans, pendant que la Vienne, le Cher et la Sarthe grossissaient extraordinairement, au point de faire monter le niveau du fleuve à 4ᵐ 80 et 5ᵐ 20 aux échelles de Saumur et de Nantes.

Dans une note sur les trois crues exceptionnelles de l'hiver 1872-1873, insérée dans le cahier 4 des annales 1873, j'ai montré que cette crue de janvier 1873 reproduisait presque exactement une crue de novembre 1859.

Pourquoi donc cette loi de l'homogénéité du climat, si bien démontrée par M. l'Inspecteur général Belgrand pour le bassin de la Seine, ne s'étend-elle pas au bassin entier de la Loire, ainsi qu'il la supposé en voyant la Loire entrer en crue, soit à Digoin, soit à Saumur, en même temps que la Seine à Paris ?

C'est que les bassins des deux fleuves diffèrent encore plus dans leurs dispositions topographiques que dans leur constitution géologique.

Dans le vaste bassin de la Seine, « les plus petites variations « de niveau se produisent d'une extrémité à l'autre du bassin « avec une constance remarquable : et l'on peut y prévoir une « crue d'un ruisseau du Morvan au moyen d'observations faites « sur un ruisseau de Normandie. »

M. Belgrand justifie cette loi remarquable en montrant que ce bassin est un vaste plateau, presque horizontal entre la mer et Paris, et s'élevant ensuite doucement jusqu'à la Champagne, dont la plaine plus basse a été creusée dans ce plateau par les grands courants diluviens en même temps que les vallées de tous les cours d'eau.

Les crêtes des montagnes de la Côte-d'Or et du Morvan, qui sont ses limites les plus hautes, ne dépassent pas généralement 550ᵐ00 à 650ᵐ00. Ce n'est qu'autour des sources de l'Yonne et sur une bien faible longueur, qu'on rencontre des sommets compris entre 700ᵐ00 et 902ᵐ00.

Mais dans le bassin plus vaste de la Loire, au lieu d'un plateau unique, on trouve au contraire de profondes vallées séparées par de hautes chaînes de montagnes, qui divisent cette grande région de la France en autant de bassins distincts que de grands affluents

Entre l'Allier et la Haute-Loire, règne un faîte, dont les altitudes varient entre 1426ᵐ00 et 1223ᵐ00, depuis sa source jusqu'au confluent de la Dore, près Vichy.

Entre le Cher et l'Allier, le faîte se maintient entre 818ᵐ00 et 447ᵐ00 d'altitude.

Entre la Vienne et le Cher, cette altitude du faîte atteint 954ᵐ00 vers la source, et s'abaisse progressivement à 474 mètres.

Le bassin de la Vienne est d'ailleurs borné au sud par une chaîne montagneuse courant de l'Est à l'Ouest, dont le faîte a des altitudes comprises entre 806ᵐ00 et 954ᵐ00 sur une moitié de sa longueur, et s'abaissant de 806ᵐ00 à 503ᵐ00 sur l'autre moitié.

Or, on sait ce qui se passe quand un vent chargé de nuages rencontre un de ces grands obstacles naturels.

Un refroidissement général s'y produit aussitôt dans l'étendue de l'obstacle.

Il se refroidit d'abord, parce qu'il est contraint de s'élever plus haut dans l'atmosphère.

Il se refroidit en outre par le frottement des nuées contre les flancs moins chauds de la montagne, frottement que prolonge la raideur et l'escarpement des pentes.

La pluie se précipite dès lors en abondance sur les versants du faîte qui reçoivent le choc du vent.

Au contraire, la pluie diminue sur les versants opposés, parce que le courant se réchauffe en retombant dans l'autre vallée, aussitôt qu'il a franchi le faîte.

De sorte que, si le vent pluvial n'a qu'une courte durée, il peut arriver qu'il soit complètement épuisé lorsqu'il pénètre dans la vallée voisine.

Voilà pourquoi sans doute il arrive si fréquemment que les pluies de faible intensité qui produisent les petites crues de la Loire, sur l'une ou l'autre partie de son long cours, ne sont pas des pluies générales, et qu'elles sont circonscrites tantôt dans une partie de son bassin hydrographique, tantôt dans une autre.

Il me semble donc que le climat n'est pas homogène pour toutes les parties de cette vaste région de la France ; puisque la pluie est l'un des principaux éléments du climat.

V

DE L'EMPLOI DES OBSERVATIONS PLUVIOMÉTRIQUES AU PRONOSTIC DES CRUES.

Il existe une liaison manifeste entre les crues d'un cours d'eau et les quantités de pluie reçues par son bassin.

On conçoit d'après cela qu'on ait eu la pensée de fonder le pronostic de la hauteur d'une crue sur son rapport avec la hauteur de la pluie qui en est la cause.

L'administration a voulu préparer, pour l'avenir, le perfection-nement, sur ce principe, du service de l'annonce des crues de la Loire.

Des pluviomètres ont été répandus, après l'inondation de 1856, sur toute la surperficie du bassin : et, depuis 1862, l'Ingénieur en chef de la 3me section de la Loire centralise, (en vertu d'une décision ministérielle du 27 Décembre 1862), le travail statistique de la constatation de la pluie observée cha-que jour dans les 83 localités du bassin où les pluviomètres ont été établis.

Ce travail statistique complète celui des variations diurnes de la Loire et de ses affluents aux principaux points de leur littoral.

Le phénomène de la pluie, qui, dans son ensemble, se montre à la fois soumis aux lois générales de l'astronomie et de la phy-sique, est néanmoins fort irrégulier dans ses manifestations locales.

L'examen des faits observés et leur rappochement démontrent en effet des hauteurs de pluie très-différentes dans un espace assez restreint.

Les accidents du sol n'expliquent pas toujours ces différences; mais ils les produisent.

Il s'ensuit que la distribution des pluies est particulièrement désordonnée dans les régions montagneuses.

Là se manifestent les tourbillons, les remous, les nombreuses perturbations dans la marche générale des nuages pluvieux qui échappent encore aux investigations de la science.

Et ce désordre, qui est, à mon sens, (1) l'une des plus sérieuses raisons de craindre l'inefficacité des réservoirs con-tre les inondations de la partie importante de la vallée com-

(1) Voir mon mémoire du 6 août 1872 sur les divers moyens de défense pré-conisés contre les inondations.

prise entre Briare et Nantes, doit aussi rendre extrêmement difficile le pronostic des crues de la Loire par l'observation de la pluie.

J'ai résumé, dans les quatre tableaux (2 et 2 bis, 3 et 3 bis), les observations pluviométriques faites depuis 1862 dans les deux bassins de la Haute-Loire et de l'Allier.

Le 1er donne les hauteurs de pluie de la saison froide, du 1er novembre au 30 avril.

Le 2me les nombres de jours de pluie de la même saison.

Le 3me et le 4me donnent les hauteurs et jours de pluie, pour la saison chaude, du 1er mai au 31 octobre.

L'examen de ces tableaux montre, combien la hauteur de pluie, même semi-annuelle, varie d'une station à l'autre.

On voit, comme dans l'hiver 1862-1863 par exemple, la hauteur de pluie varier entre le minimum 0^m174 et le maximum. 1^m325 :

La moyenne arithmétique des 29 stations étant 0^m370.

Dans l'hiver 1865-1866, le maximum est 1^m765, le minimum 0^m191 ; et la moyenne arithmétique 0^m435.

Mais c'est dans les pluies de courte durée, qui occasionnent les crues, qu'apparaît surtout d'une manière frappante l'allure irrégulière du phénomène.

J'ai relevé, dans les trois tableaux nos 6, 7 et 8 présentés à l'appui de cette discussion, ces hauteurs de pluie pour les trois crues ci-après :

1° Crue du 27 Septembre 1866 ;
2° Crue du 23 Octobre 1868 ;
3° Crue du 23 Octobre 1872.

La crue du 27 septembre 1866, produite par une pluie dont la moyenne arithmétique est 0^m133 pour les 29 stations des 2 bassins de l'Allier et de la Haute-Loire, est la troisième crue d'inondation du siècle dans la partie de la vallée supérieure à Tours.

Elle a commencé le 24 à Orléans, à 4 heures du soir, à la cote 0ᵐ72.

Elle atteignait son maximum le 27 à la cote 6ᵐ92.

Elle a fini le 6 octobre, à 4 heures du soir, à la cote 1ᵐ15.

Elle a donc duré 12 jours.

Son débit maximum à Orléans est le même que celui de la crue extraordinaire de 1856, soit 8,035 mètres cubes :

Son débit total est aussi d'environ 2.550 millions de mètres cubes.

La crue du 23 Octobre 1868 a été produite par une pluie moyenne de 0ᵐ093.

Sa hauteur maximum est de 3ᵐ36 :

Elle a commencé le 21 octobre, à la cote 0ᵐ63, et fini le 27 à la cote 1ᵐ51 :

Elle a duré 6 jours 1|3.

Son débit maximum est de 2,273 mètres cubes.

Son débit total, de 696 millions de mètres cubes.

La crue du 23 octobre 1872 a été produite par une pluie moyenne de 0ᵐ,076 seulement.

Sa hauteur maximum est de 5ᵐ,23.

Elle a commencé le 20 octobre à la cote 0ᵐ,82, et fini le 31 à la cote 1ᵐ,22.

Sa durée est donc de 11 jours.

Son débit maximum est de 4,228 mètres cubes.

Son débit total de 1,660 millions de mètres cubes.

Un premier fait saisit l'attention dans le rapprochement des principaux caractères des trois crues dont il s'agit.

On est frappé de voir que la crue de fin octobre 1872, si supérieure à celle de fin octobre 1868, a pourtant été produite par une pluie sensiblement moindre dans le rapport de 7 à 9 environ.

Là se montre, avec la dernière évidence, une difficulté peut-être supérieure à celle de l'évaluation de la hauteur moyenne de la pluie sur la région qui l'a reçue.

Cette difficulté consiste dans la connaissance du degré de saturation du sol au moment où la pluie tombe

La part, qu'il n'absorbe pas et qui va grossir sur le champ les cours d'eau, est loin en effet d'être (1) constante.

Il n'est sans doute pas impossible d'arriver à la connaître : Est-il besoin de dire, toutefois, que l'expérience sera longue et laborieuse.

Mais je reviens à la difficulté d'apprécier la hauteur moyenne de la pluie.

Les tableaux n°˚ 6, 7 et 8 suffiraient seuls, je crois, à en donner une juste idée.

Leur examen montre en effet une très-grande irrégularité dans la répartition de la pluie, surtout pour les deux crues du 23 octobre 1868 et du 23 octobre 1872.

On y pourra constater de plus les contrastes que fait ressortir le tableau ci-dessous :

| | Hauteur de la pluie de la | |
	Crue moyenne de 1868.	Crue extraor. de 1866.
Station de Saugues.	0ᵐ127	0ᵐ085
— de Murat	0.115	0.123
— de la Chaise-Dieu	0.109	0.112
— de Brioude	0.285	0.060
— de Montpezat	0.397	0.147
— de le Pilat	0.161	0.050

(1) Voir les résultats d'expérience cités à la page 534 des annales 1870 dans la note de MM. Belgrand et Lemoine sur l'état probable des eaux courantes du bassin de la Seine, pendant l'été et l'automne 1870.

	Hauteur de la pluie de la	
	Crue de 1868.	Grande crue de 1872.
Station de Langogne.	0ᵐ192	0ᵐ263
— de Brioude	0.285	0.046
— de Chantelle.	0.029	0.058
— de Montpezat	0.397	0.030
— de Bas-en-Basset	0.095	0.009
— de Montbrizon	0.037	0.087
— de Roanne.	0.056	0.101

Je pourrais borner là ma discussion : d'autant que l'opinion semble faite aujourd'hui sur ce sujet.

Cependant, j'espère qu'on ne me saura pas mauvais gré de la continuer, afin de mettre en lumière certains faits curieux d'inégalité.

J'ai été surpris, dans ma recherche, de voir des différences marquées entre les hauteurs annuelles de pluie observées à Blois, Orléans et Gien, et de reconnaître que ces différences persistaient dans le même sens.

Le tableau n° 5, qui accompagne ce mémoire, donne les hauteurs de pluie de ces trois points, pour chacune des années 1862 à 1873 inclusivement.

Il présente en même temps la division de la hauteur annuelle en deux parties : l'une due aux vents pluvieux du groupe supérieur ; l'autre, à ceux du groupe inférieur.

Et de plus, il donne les nombres des jours de pluie correspondant à chacune de ces deux parties.

Blois, Orléans et Gien sont situés sur la rive droite de la Loire, à 15 lieues de distance l'un de l'autre.

Le pluviomètre de Blois est installé à l'altitude 73ᵐ00.

Celui d'Orléans à l'altitude 100ᵐ00.

Celui de Gien à l'altitude 130ᵐ00.

Ces différences d'altitude, dans une large vallée, qui s'élève par une pente insensible, n'exercent, selon toute apparence, aucune action sur la chûte de la pluie.

Si donc la pluie tombe inégalement sur ces trois points, on ne doit en chercher la cause que dans des différences d'orientation de la vallée.

A Blois, la direction de la vallée est celle habituellement suivie par les vents pluvieux, c'est-à-dire du sud-ouest au nord-est;

A Orléans, elle est orientée exactement de l'est à l'ouest;

A Gien, elle est dirigée du nord-ouest au sud-est; c'est-à-dire qu'elle est à peu près perpendiculaire au vent dominant.

On conçoit donc qu'il pleuve à Blois plus qu'à Orléans, et à Orléans plus qu'à Gien.

Car les courants d'air obéissent aux mêmes lois générales que les courants d'eau. Ils suivent de préférence les vallées et les lignes de plus grande pente des pays sur lesquels ils passent. Et ces thalwegs reçoivent d'autant plus de pluie qu'ils sont mieux placés dans la direction générale du vent pluvieux; de même aussi, la pluie doit être plus forte sur le versant concave d'une vallée que sur le versant convexe opposé.

Or, c'est précisément ce qu'on voit dans le tableau des hauteurs de pluies comparées des trois points susdits, pour les 12 années 1862 à 1873 inclusivement.

A l'exception de l'année 1873, toujours la hauteur annuelle de la pluie est la plus forte à Blois, et la plus faible à Gien.

La moyenne de ces 12 années donne :

Pour Blois, une hauteur de 0ᵐ,741 ;

Pour Orléans,   —   de 0ᵐ,646 ;

Pour Gien,   —   de 0ᵐ,504.

En 1873, Blois n'a reçu que 0ᵐ,460, tandis qu'Orléans a reçu 0ᵐ,568 et Gien 0ᵐ,494.

Mais en 1873, la direction dominante du vent pluvieux n'a pas été celle du Sud-Ouest.

Pour Blois, le vent n'a soufflé du Sud-Ouest que 50 jours sur 114 jours de pluie. Il a soufflé 21 jours du Sud, 19 jours de l'Ouest et 24 jours du Nord-Ouest.

Pour Gien, le vent n'est venu du Sud-Ouest que 47 jours sur les 105 jours de pluie. Pour les 58 autres jours pluvieux, il a principalement soufflé du Nord-Ouest et de l'Ouest.

Ainsi, voilà trois faits remarquables d'inégalité dont la théorie rend compte d'une manière qui sera sans doute jugée satisfaisante.

Mais, dans un bon nombre de cas, la théorie se trouve plus ou moins en défaut.

En voici un exemple assez saillant :

Patay, Neuville et Janville sont trois bourgs du plateau si uniforme de la Beauce. Il n'y a pas entre eux une différence d'altitude de $8^m,00$. Aucun n'est situé dans un thalweg assez accusé pour appeler les masses d'air en mouvement.

Et cependant, les observations pluviométriques des années 1866 à 1873 constatent les inégalités singulières ci-après :

	PATAY	NEUVILLE	JANVILLE
Altitudes.	130^m00	133^m00	138^m00
1866.	0^m961	0^m829	0^m695
1867	0.875	0.732	0.732
1868	0.944	0.632	0.707
1869	0.616	0.411	0.577
1870	0.381	0.387	»
1872	0.499	0.439	»
1873	0.660	0.526	»

Pourquoi cette supériorité constante, et si marquée de la pluie reçue par Patay ?

Patay est, il est vrai, placé au bord d'un revers du bassin du Loir et tout-à-fait à l'origine du plateau de la Beauce. Là, les masses d'air humides qui remontent le Loir, dont l'orientation est à peu près celle des vents régnants, sont encore peut-être plus concentrées qu'elles ne le sont plus loin, vers le centre du plateau où elles s'étendent en pleine liberté.

Mais je donne pour ce qu'elle vaut cette explication, qui pourra paraître assez vraisemblable si elle est loin d'être concluante.

En définitive, expliquées ou non, les inégalités si nombreuses de la répartition de la pluie, sur une grande région, rendent très-difficile la détermination de sa hauteur *moyenne*. Pour atteindre la vérité dans cette évaluation, il faudra multiplier et accumuler les observations pendant longtemps encore.

De sorte que, par cette première raison, on peut déjà craindre que la science ne réussisse pas, de nos jours, à annoncer les crues du fleuve au moyen des observations pluviométriques.

Mais il ne suffit même pas d'obtenir la hauteur moyenne vraie de la pluie.

Il est nécessaire, en outre, de connaître, comme on l'a vu plus haut, le degré de saturation du sol ayant la chûte de la pluie, ou en d'autres termes la part de la pluie qui descend immédiatement dans les thalwegs.

Et comme cet état de saturation varie avec les saisons, avec les mois, même avec les jours, pendant les fortes chaleurs de l'été ; on trouve de cet autre côté une difficulté non moins grande, qui contribuera aussi fortement que la première à éloigner la solution du problème.

Ainsi, les hommes d'étude qui se consacrent aux observations pluviométriques dans le bassin de la Loire, en vue du perfectionnement de l'annonce de ses crues, concourent à une œuvre dont leurs successeurs seuls paraissent appelés à recueillir les fruits.

Bien que convaincus à cet égard, il n'est pas à craindre toutefois qu'ils perdent courage dans l'accomplissement de cette tâche obscure.

Ils savent que, dans l'ordre des choses naturelles, le progrès scientifique est le prix de nombreux et persévérants efforts.

Soutenus par l'amour du pays et l'approbation de leur conscience, ils continueront donc à se dévouer à leur rôle modeste d'observateurs.

L'espoir fondé que la science parviendra à en dégager plus tard les résultats utiles pour lesquels ils se dévouent sera leur récompense et le dédommagement de leur peine.

Orléans, le 4 novembre 1874.

L'Ingénieur en Chef,

DEGLAUDE.

RELEVÉ

des hauteurs de la Loire, à Orléans,
pendant les années 1830 à 1874,
présentant la comparaison
entre la saison d'Hiver et la saison
d'Été.

Saison d'Hiver, du 1er Novembre au 31 Mai.
Saison d'Été, du 1er Juin au 31 Octobre.

SAISON D'HIVER DU 1ᵉʳ NOVEMBRE AU 31 MAI.

ANNÉES	Hauteur moyenne de la saison d'hiver.	Nombre de jours pendant lesquels la Loire s'est tenue au-dessus des niveaux.					CRUES DE LA SAISON D'HIVER ET OBSERVATIONS.
		0	0ᵐ50	1ᵐ00	1ᵐ50	2ᵐ00	
1830-1831	1ᵐ18	211	198	121	52	21	2ᵐ25 le 4 janvier; 2ᵐ25 le 8 février; 4ᵐ14 le 4 mars; à 8 h. du matin.
1831-1832	0.55	212	134	7	»	»	»
1832-1833	1.09	207	181	97	57	25	3ᵐ67 le 7 février; 2ᵐ25 le 2 mars; 2ᵐ03 le 6 avril; 3ᵐ00 le 19 avril.
1833-1834	0.68	205	114	43	29	16	2ᵐ21 le 27 décembre; 2ᵐ26 le 4 janvier; 2ᵐ27 le 12 janvier; 2ᵐ32 le 22 janvier.
1834-1835	0.79	212	169	39	14	2	2ᵐ30 le 25 février.
1835-1836	1.23	212	212	120	57	27	3ᵐ02 le 5 décembre; 2ᵐ55 le 15 janvier; 2ᵐ12 le 3 février; 3ᵐ06 le 10 mars; 2ᵐ30 le 17 mars; 4ᵐ23 le 6 mai, minuit.
1836-1837	1.33	212	212	154	65	21	2ᵐ75 le 9 novembre; 2ᵐ75 le 28 novembre; 3ᵐ00 le 13 décembre; 2ᵐ22 le 4 mai.
1837-1838	1.15	212	212	118	35	10	2ᵐ35 le 2 décembre; 2ᵐ25 le 20 février; 2ᵐ15 le 26 mars.
1838-1839	1.22	212	212	118	50	15	2ᵐ28 le 11 janvier; 3ᵐ74 le 9 février; 2ᵐ05 le 21 mars; 2ᵐ10 le 2 avril.

SAISON D'ÉTÉ DU 1er JUIN AU 31 OCTOBRE.

ANNÉES	Hauteur moyenne de la saison d'été	MINIMUM	Dates de ce MINIMUM	Nombre de jours pendant lesquels la Loire s'est tenue au-dessous des niveaux :					Crues de la saison d'été et observations.
				0^m50	0^m25	0	-0^m25	-0^m50	
1831	0.76	0.27	1,2,3,4 oct.	30	»	»	»	»	»
1832	—0.02	—0.39	25,26 août	131	124	113	33	»	»
1833	0.22	—0.24	13 août	124	97	41	»	»	»
1834	0.37	—0.15	24 août	109	77	29	»	»	2^m12 le 31 août ; 1^m89 le 4 septembre.
1835	0.96	0.08	19 août	-34	7	»	»	»	5^m01 le 8 juin, 6 h. matin ; 2^m18 le 24 octobre.
1836	0.49	—0.07	7 août	80	60	19	»	»	2^m50 le 12 octobre.
1837	0.61	0.35	28 oct.	15	»	»	»	»	»
1838	0.65	0.30	26,27 août	50	»	»	»	»	»
1839	0.57	—0.05	19,20,21 août	86	67	17	»	»	2^m83 le 10 octobre ; 2^m55 fre 17 octobre.

SAISON D'HIVER DU 1er NOVEMBRE AU 31 MAI.

ANNÉES	Hauteur moyenne de la saison d'hiver.	Nombre de jours pendant lesquels la Loire s'est tenue au-dessus des niveaux :					CRUES DE LA SAISON D'HIVER ET OBSERVATIONS
		0	0m50	1m00	1m50	2m00	
1839–1840	1.39	211	211	111	85	41	3m32 le 6 novembre; 2m27 le 16 novembre; 2m60 le 23 novembre; 2m75 le 8 décembre; 3m03 le 15 décembre; 2m33 le 24 décembre; 3m06 le 7 février; 2m00 le 18 février.
1840–1841	1.52	212	212	149	88	42	3m89 le 7 novembre; 3m50 le 23 novembre; 4m79 le 22 février; 2m60 le 10 mars; 2m22 le 7 avril; 1m02 le 26 mai.
1841–1842	1.35	212	212	142	64	31	3m30 le 29 novembre; 3m48 le 13 décembre; 2m30 le 10 avril
1842–1843	1.30	212	212	116	63	31	2m75 le 24 novembre; 2m30 le 3 décembre; 3m80 le 15 janvier; 2m10 le 2 février; 2m45 le 3 mars; 2m12 le 12 avril.
1843–1844	1.19	212	203	105	44	26	2m79 le 8 novembre; 3m08 le 11 février; 3m60 le 1er mars.
1844–1845	1.37	212	212	134	72	33	3m00 le 21 décembre; 2m20 le 30 janvier; 2m50 le 3 mars; 4m20 le 20 mars; 2m65 le 22 avril.
1845–1846	1.60	212	212	172	102	62	2m76 le 17 novembre; 3m07 le 20 décembre; 2m90 le 26 décembre; 2m75 le 30 janvier; 2m54 le 9 avril; 3m75 le 22 avril; 3m07 le 3 mai; 2m60 le 24 mai.
1846–1847	1.24	212	212	96	50	26	2m50 le 30 novembre; 3m70 le 27 décembre; 3m40 le 19 février; 3m94 le 16 avril.
1847–1848	1.05	213	204	79	42	15	2m97 le 17 avril; 3m14 le 24 avril.

SAISON D'ÉTÉ DU 1er JUIN AU 31 OCTOBRE.

ANNÉES.	Hauteur moyenne de la saison d'été.	MINIMUM.	DATES de ce MINIMUM.	Nombre de jours pendant lesquels la Loire s'est tenue au-dessous des niveaux.					Crues de la saison d'été et observations.
				0m50	0m25	0	—0m25	—0m50	
1840	0m44	0m10	12,13 sep.	90	44	»	»	»	»
1841	1.03	0.65	27 sep.	»	»	»	»	»	1m95 le 26 juin ; 3m75 le 8 octobre ; 3m25 le 29 octobre.
1842	0.68	0.45	1er sep.	23	»	»	»	»	»
1843	0.98	0.50	5 sep.	1	»	»	»	»	2m75 le 7 juin.
1844	0.58	—0.15	15,16 sep.	70	48	24	»	»	2m30 le 14 octobre.
1845	1.03	0.68	2 sep.	»	»	»	»	»	2m75 le 22 juin ; 2m50 le 9 octobre.
1846	0.92	0.40	25 sep.	17	»	»	»	»	6m78 le 20 octobre.
1847	0.54	0.17	11 oct.	50	12	»	»	»	»
1848	3.53	0.15	24 sep.	70	27	»	»	»	»

SAISON D'HIVER DU 1er NOVEMBRE AU 31 MAI.

ANNÉES	Hauteur moyenne de la saison d'hiver.	Nombre de jours pendant lesquels la Loire s'est tenue au-dessus des niveaux.					CRUES DE LA SAISON D'HIVER ET OBSERVATIONS.
		0	0m50	1m00	1m50	2m00	
1848-1849	0m92	212	212	36	14	9	2m72 le 18 janvier.
1849-1850	1.06	212	212	69	30	9	3m30 le 29 novembre ; 2m25 le 23 janvier ; 2m16 le 30 janvier ; 2m16 le 6 février.
1850-1851	1.01	212	212	65	27	4	2m22 le 5 février ; 2m45 le 29 avril ; 2m17 le 15 mai.
1851-1852	0.75	213	206	10	»	»	
1852-1853	1.26	212	212	138	52	13	2m46 le 17 novembre : 3m19 le 27 novembre ; 2m14 le 12 mars ; 2m00 le 9 avril ; 2m02 le 22 mai.
1853-1854	0.83	212	203	31	8	2	2m25 le 8 janvier.
1854-1855	1.40	212	208	139	85	42	2m55 le 21 novembre ; 2m28 le 26 novembre ; 2m73 le 4 décembre ; 2m34 le 21 décembre ; 3m70 le 28 décembre ; 2m16 le 6 janvier ; 2m65 le 23 février ; 2m09 le 6 mars, 2m16 le 19 mars ; 2m92 le 28 mars.
1855-1856	1.49	213	213	109	77	47	4m45 le 1er novembre ; 2m34 le 11 janvier ; 3m05 le 29 janvier ; 2m38 le 17 avril ; 4m00 le 3 mai ; 4m38 le 14 mai ; 4m86 le 20 mai.
1856-1857	1.14	212	212	95	35	15	2m85 le 16 décembre ; 2m74 le 14 janvier ; 2m28 le 24 janvier ; 2m58 le 14 avril.

SAISON D'ÉTÉ DU 1ᵉʳ JUIN AU 31 OCTOBRE.

ANNÉES	Hauteur moyenne de la saison d'été	MINIMUM	Dates de ce MINIMUM	Nombre de jours pendant lesquels la Loire s'est tenue au-dessous des niveaux:					Crues de la saison d'été et Observations.
				0ᵐ50	0ᵐ25	0	—0ᵐ25	—0ᵐ50	
1849	0ᵐ62	0.17	9 septembre	57	10	»	»	»	2ᵐ50 le 20 juin.
1850	0.68	0.32	24 septembre	28	»	»	»	»	»
1851	0.51	0.25	23 septembre	75	1	»	»	»	»
1852	1.00	0.44	29 mai	3	»	»	»	»	3ᵐ75 le 22 juin; 2ᵐ08 le 4 juillet; 2ᵐ12 le 25 août; 2ᵐ02 le 14 octobre.
1853	0.80	0.42	6 septembre	22	»	»	»	»	2ᵐ21 le 4 juin.
1854	0.73	0.24	3 octobre	33	6	»	»	»	2ᵐ62 le 6 juin.
1855	0.84	0.40	27,28,29 août	24	»	»	»	»	2ᵐ48 le 6 juin.
1856	1.06	0.52	19 août	»	»	»	»	»	7ᵐ02 le 2 juin; 3ᵐ48 le 20 juin.
1857	0.75	0.30	5 août	28	»	»	»	»	3ᵐ26 le 24 octobre.

SAISON D'HIVER DU 1er NOVEMBRE AU 31 MAI.

ANNÉES	Hauteur moyenne de la saison d'hiver.	Nombre de jours pendant lesquels la Loire s'est tenue au-dessus des niveaux :					CRUES DE LA SAISON D'HIVER ET OBSERVATIONS.
		0	0m50	1m00	1m50	2m00	
1857-1858	0m85	212	195	36	9	3	2m28 le 19 mars ; 2m00 le 8 avril.
1858-1859	0.87	212	204	23	10	4	2m88 le 31 décembre.
1859-1860	1.14	213	210	98	31	13	2m31 le 9 janvier ; 2m85 le 3 février ; 2m88 le 2 mars ; 2m30 le 9 avril.
1860-1861	1.13	212	212	88	37	19	2m32 le 11 décembre ; 2m64 le 29 décembre ; 3m36 le 4 janvier.
1861-1862	0.62	212	144	2	»	»	»
1862-1863	0.99	212	212	60	20	7	2m56 le 3 décembre ; 2m90 le 7 décembre ; 2m24 le 11 janvier.
1863-1864	0.70	209	164	16	2	»|	»
1864-1865	1.00	212	212	64	24	11	2m10 le 26 janvier ; 2m34 le 29 janvier ; 2m74 le 6 février.
1865-1866	0.95	212	201	58	27	7	2m33 le 8 décembre ; 2m40 le 25 mars ; 2m52 le 12 avril.

SAISON D'ÉTÉ DU 1ᵉʳ JUIN AU 31 OCTOBRE.

ANNÉES	Hauteur moyenne de la saison d'été.	MINIMUM	Dates de ce MINIMUM	Nombre de jours pendant lesquels la Loire s'est tenue au-dessous des niveaux					Crues de la saison d'été et observations.
				0ᵐ50	0ᵐ25	0	—0ᵐ35	—0ᵐ50	
1858	0ᵐ32	—0ᵐ06	18 août	121	73	4	»	»	»
1859	0.39	0.05	13 août	98	82	»	»	»	»
1860	0.89	0.62	28 juillet	»	»	»	»	»	»
1861	0.37	—0.18	13 septembre	79	73	20	»	»	»
1862	0.57	0.00	17 août	56	26	»	»	»	»
1863	0.41	—0.28	18 août	84	55	45	9	»	2ᵐ 61 le 18 octobre.
1864	—0.04	—0.48	2, 3 septembre	133	127	109	69	»	2ᵐ 58 le 31 octobre.
1865	—0.23	—0.60	7, 8, 9 octobre	149	135	132	93	27	»
1866	0.73	—0.05	7 août	57	26	3	»	»	6ᵐ 92 le 27 septembre, minuit.

SAISON D'HIVER DU 1ᵉʳ NOVEMBRE AU 31 MAI.

ANNÉES	Hauteur moyenne de la saison d'hiver.	Nombre de jours pendant lesquels la Loire s'est tenue au-dessous des niveaux:					CRUES DE LA SAISON D'HIVER ET OBSERVATIONS.
		0	0ᵐ50	1ᵐ00	1ᵐ50	2ᵐ00	
1866–1867	1ᵐ22	212	212	101	58	22	2ᵐ58 le 20 décembre ; 2ᵐ43 le 14 janvier ; 2ᵐ50 le 29 janvier ; 2ᵐ65 le 22 mars ; 3ᵐ17 le 31 mars.
1867–1868	0.79	213	194	27	5	1	
1868–1869	0.99	212	212	67	20	8	2ᵐ07 le 27 novembre ; 2ᵐ66 le 27 décembre ; 2ᵐ13 le 6 mars.
1869–1870	0.41	155	118	4	»	»	
1870–1871	0.63	189	136	20	3	»	
1871–1872	0.60	194	140	20	10	4	2ᵐ35 et 2ᵐ55 les 23 et 28 mai.
1872–1873	1.29	212	212	115	59	28	2ᵐ85 le 24 novembre ; 2ᵐ82 le 27 novembre ; 3ᵐ08 le 6 décembre ; 3ᵐ28 le 11 décembre ; 2ᵐ55 le 16 mars ; 2ᵐ82 le 22 mars.
1873–1874	0.34	189	67	»	»	»	

SAISON D'ÉTÉ DU 1er JUIN AU 31 OCTOBRE.

ANNÉES	Hauteur moyenne de la saison d'été	MINIMUM	Dates de ce MINIMUM	Nombre de jours pendant lesquels la Loire s'est tenue au-dessus des niveaux :					Crues de la saison d'été et observations.
				0m50	0m25	0	—0m25	—0m50	
1867	0m40	—0m21	17 septembre	99	53	30	»	»	»
1868	0.18	—0.52	4 août	107	94	83	57	4	3m36 le 23 octobre.
1869	—0.21	—0 74	9,10,11,12sep.	130	118	109	101	75	»
1870	—0.78	—0.98	26,27 juillet	153	153	153	152	151	»
1871	—0.29	—0,69	15,16,17 sept.	149	134	128	109	43	»
1872	0.36	—0.48	7 octobre	98	77	58	35	»	5m23 le 23 octobre.
1873	—0.03	—0.53	24 août	124	113	99	62	4	»
1874	—0.31	—0.70	22, 23 juin et 23 sept.	146	141	130	102	50	»

Stations pluviométriques du bassin de la Loire en amont du confluent de l'Allier.

Relevé des hauteurs de pluie tombée pendant la saison d'Hiver.

(1er NOVEMBRE AU 30 AVRIL).

ANNÉES 1862 A 1874.

HAUTEUR TOTALE DE LA PLUIE TOMBÉE DU 1er NOVEMBRE AU 30 AVRIL.

STATIONS du bassin de l'Allier et du bassin de la Loire supérieure (en amont du Bec-d'Allier).	Altitudes des stations.	du 1er nov. 1862 au 30 avril 1863	du 1er nov. 1863 au 30 avril 1864	du 1er nov. 1864 au 30 avril 1865	du 1er nov. 1865 au 30 avril 1866	du 1er nov. 1866 au 30 avril 1867	du 1er nov. 1867 au 30 avril 1868	du 1er nov. 1868 au 30 avril 1869	du 1er nov. 1869 au 30 avril 1870	du 1er nov. 1870 au 30 avril 1871	du 1er nov. 1871 au 30 avril 1872	du 1er nov. 1872 au 30 avril 1873	Moyennes.	du 1er nov. 1873 au 30 avril 1874	Altitudes des stations.
1° BASSIN DE L'ALLIER.															
Langogne	910m	0m424	0m239	0m270	0m472	0m348	0m305	0m308	0m227	0m407	0m619	0m641	0m396	0m330	910m
Saugues	980	0.352	0.147	0.315	0.352	0.400	0.258	0.305	0.145	0.136	0.286	0.381	0.275	0.190	980
Murat	924	0.318	0.157	0.439	0.359	0.417	0.157	0.568	0.302	0.401	0.267	0.508	0.353	0.089	924
La Chaise-Dieu	1.075	0.197	0.162	0.273	0.358	0.383	0.190	0.306	0.242	0.241	0.340	0.388	0.280	0.175	1.075
Brioude	415	0.261	0.148	0.121	0.191	0.202	0.094	0.149	0.093	0.165	0.184	0.224	0.167	0.187	415
Besse	1.028	0.208	0.194	0.471	0.280	0.685	0.887	0.530	0.325	0.388	0.303	0.652	0.402	0.254	1.028
Ambert	543	0.346	0.271	0.326	0.398	0.428	0.399	0.436	0.365	0.231	0.302	0.478	0.362	0.250	543
Clermont	385	0.216	0.110	0.186	0.200	0.259	0.161	0.213	0.182	0.024	0.172	0.278	0.182	0.143	385
Thiers	413	0.400	0.399	0.381	0.405	0.170	0.394	0.387	0.263	0.292	0.268	0.426	0.329	0.225	413
Le Bouchet	485	0.304	0.231	0.346	0.338	0.461	0.301	0.358	0.258	0.269	0.266	0.445	0.324	0.211	485
Chantelle	297	0.184	0.155	0.204	0.222	0.348	0.161	0.228	0.149	0.165	0.227	0.311	0.213	0.128	297
Vichy	264	0.270	0.216	0.283	0.330	0.383	0.250	0.320	0.204	0.207	0.271	0.400	0.285	0.219	264
Moulins	221	0.174	0.165	0.218	0.294	0.390	0.173	0.107	0.155	0.153	0.208	0.328	0.209	0.163	221
2° BASSIN DE LA LOIRE SUPÉRIEURE (en amont du Bec-d'Allier).															
Montpezat	1.000m	1m325	0m510	0m779	1m765	0m281	0m872	0m992	0m695	0m740	1m445	0m145	0m828	0m103	1.000m
Le Puy	625	0.370	0.168	0.213	0.365	0.307	0.165	0.191	0.217	0.190	0.190	0.315	0.245	0.166	625
Tence	838	0.360	0.139	0.233	0.456	0.390	0.166	0.208	0.117	0.885	»	0.325	0.252	0.369	838
Bas-en-Basset	457	0.260	0.134	0.173	0.365	0.300	0.193	0.371	0.349	0.285	0.265	0.058	0.249	0.119	457
Le Pilat	1.400	0.590	0.383	0.410	0.691	0.601	0.353	0.443	0.364	0.340	0.489	0.608	0.479	0.424	1.400
Montbrizon	409	0.215	0.173	0.197	0.397	0.264	0.169	0.160	0.157	0.145	0.160	0.230	0.206	0.127	409
Noiretable	716	0.390	0.183	0.308	0.332	0.368	0.220	0.241	0.160	0.292	0.197	0.475	0.290	0.337	716
Panissières	630	0.380	0.256	0.203	0.489	0.517	0.296	0.338	0.265	0.225	0.415	0.426	0.346	0.190	630
Roanne	280	0.285	0.159	0.202	0.366	0.344	0.233	0.382	0.153	0.190	0.239	0.320	0.261	0.191	280
Saint-Clément	485	0.479	0.314	0.442	0.502	0.593	0.474	0.473	0.279	0.377	0.391	0.686	0.455	0.336	485
Charolles	316	»	»	»	0.553	»	0.302	0.386	0.266	0.306	0.341	0.497	0.241	0.232	316
Arnay-le-Duc	370	0.217	0.254	0.314	0.519	0.476	0.325	0.301	»	0.118	0.289	0.567	0.297	0.188	370
Digoin	241	0.269	0.239	0.308	0.405	0.618	0.248	0.304	0.259	0.264	0.288	0.478	0.323	0.219	241
Dompierre	240	0.257	0.211	0.306	0.370	0.459	0.207	0.312	0.215	0.298	0.257	0.497	0.307	0.183	240
Châtillon	260	0.305	0.322	0.413	0.480	0.686	0.271	0.412	0.318	0.414	0.295	0.648	0.405	0.196	260
Decize	193	0.255	0.242	0.327	0.349	0.482	0.281	0.326	0.233	0.284	0.228	0.512	0.320	0.181	193
MOYENNES.		(0.370)	(0.294)	(0.313)	(0.435)	(0.403)	(0.254)	(0.345)	(0.248)	(0.271)	(0.328)	(0.420)	(0.322)	(0.209)	

Stations pluviométriques du bassin
de la Loire
en amont du confluent de l'Allier.

Nombre de jours de pluie de la saison d'Hiver.

(1ᵉʳ NOVEMBRE AU 30 AVRIL).

ANNÉES 1862 A 1874.

Tableau N° 2 bis. — SAISON D'HIVER.

STATIONS du bassin de l'Allier et du bassin de la Loire supérieure (en amont du Bec-d'Allier).	Altitudes des stations.	NOMBRE DES JOURS DE PLUIE DU 1ᵉʳ NOVEMBRE AU 30 AVRIL.											Moyennes	Altitudes des stations.
		du 1ᵉʳ nov. 1862 au 30 avril 1863	du 1ᵉʳ nov. 1863 au 30 avril 1864	du 1ᵉʳ nov. 1864 au 30 avril 1865	du 1ᵉʳ nov. 1865 au 30 avril 1866	du 1ᵉʳ nov. 1866 au 30 avril 1867	du 1ᵉʳ nov. 1867 au 30 avril 1868	du 1ᵉʳ nov. 1868 au 30 avril 1869	du 1ᵉʳ nov. 1869 au 30 avril 1870	du 1ᵉʳ nov. 1870 au 30 avril 1871	du 1ᵉʳ nov. 1871 au 30 avril 1872	du 1ᵉʳ nov. 1872 au 30 avril 1873		
1° BASSIN DE L'ALLIER.														
Langogne	910ᵐ	59	38	67	89	78	52	64	67	51	71	81	63	910
Saugues	980	48	38	75	55	63	51	45	42	38	50	54	51	980
Murat	924	61	38	71	72	85	52	59	69	42	45	59	59	924
La Chaise-Dieu	1.075	45	51	75	63	77	51	51	45	48	48	62	55	1.075
Brioude	415	35	27	39	81	82	22	19	16	17	27	35	27	415
Besse	1.028	88	32	38	39	47	35	54	54	39	37	77	44	1.028
Ambert	543	70	68	78	81	94	73	73	65	48	64	98	74	543
Clermont	385	48	37	53	56	72	49	51	47	33	45	67	51	385
Thiers	413	54	70	81	72	93	80	75	58	35	51	73	67	413
Le Bouchet	485	69	62	85	73	89	76	74	60	55	38	71	68	485
Chantelle	297	41	26	43	39	63	35	39	35	34	40	70	42	297
Vichy	264	73	75	78	74	107	81	77	67	75	87	106	80	264
Moulins	221	69	64	68	72	91	74	69	69	60	66	97	78	221
2° BASSIN DE LA LOIRE SUPÉRIEURE (en amont du Bec-d'Allier).														
Montpezat	1.000	29	33	64	75	54	38	68	53	41	59	45	51	1.000
Le Puy	625	42	27	43	57	42	20	67	30	29	33	54	40	625
Tence	838	28	25	22	37	43	15	24	10	18	»	40	26	838
Bas-en-Basset	457	29	28	37	39	62	39	31	44	36	37	22	37	457
Le Pilat	1.400	65	62	78	75	73	59	60	53	55	57	61	68	1.400
Montbrizon	409	49	46	56	70	75	57	53	38	32	43	49	52	409
Noiretable	716	63	34	48	48	59	40	32	26	16	23	66	41	716
Panissières	630	46	42	56	54	64	38	41	35	34	39	43	45	630
Roanne	280	39	31	34	49	50	59	64	40	48	56	68	49	280
Saint-Clément	485	65	65	68	65	70	64	54	41	45	53	71	60	485
Charolles	316	23	»	51	65	24	42	40	58	61	69	101	53	316
Arnay-le-Duc	370	42	41	59	58	76	49	61	23	27	58	104	54	370
Digoin	241	108	81	80	116	125	73	77	67	62	70	118	89	241
Dompierre	240	52	57	68	76	90	63	70	64	66	60	98	69	240
Châtillon	260	53	52	71	63	88	69	77	56	56	50	89	65	260
Decize	193	43	52	70	72	97	58	77	57	65	56	106	68	193
MOYENNES		(51)	(47)	(60)	(63)	(71)	(52)	(56)	(48)	(48)	(50)	(71)	(56)	

Stations pluviométriques du bassin de la Loire en amont du confluent de l'Allier.

Relevé des hauteurs de pluie tombée pendant la saison d'Été.

(1ᵉʳ MAI AU 31 OCTOBRE).

ANNÉES 1862 A 1874.

STATIONS du bassin de l'Allier et du bassin de la Loire supérieure (en amont du Bec-d'Allier).	Altitudes des stations	HAUTEUR TOTALE DE LA PLUIE TOMBÉE DU 1er MAI AU 31 OCTOBRE.											Moyennes	Altitudes des stations
		du 1er mai au 31 octo. 1863	du 1er mai au 31 octo. 1864	du 1er mai au 31 octo. 1865	du 1er mai au 31 octo. 1866	du 1er mai au 31 octo. 1867	du 1er mai au 31 octo. 1868	du 1er mai au 31 octo. 1869	du 1er mai au 31 octo. 1870	du 1er mai au 31 octo. 1871	du 1er mai au 31 octo. 1872	du 1er mai au 31 octo. 1873		
1° BASSIN DE L'ALLIER.														
Langogne	910m	0m581	0m500	0m324	0m594	0m816	0m545	0m199	0m223	0m390	0m718	0m290	0m434	910m
Saugues	980	0.270	0.210	0.493	0.434	0.480	0.573	0.235	0.235	0.281	0.791	0.306	0.373	980
Murat	924	0.526	0.286	0.315	0.548	0.980	0.601	0.426	0.479	0.384	0.790	0.411	0.458	924
La Chaise-Dieu	1.075	0.478	0.444	0.347	0.599	0.539	0.686	0.345	0.270	0.481	0.825	0.323	0.484	1.075
Brioude	415	0.357	0.374	0.216	0.430	0.427	0.662	0.234	0.224	0.305	0.685	0.260	0.379	415
Besse	1.028	0.426	0.299	0.396	0.566	0.408	0.460	0.293	0.501	0.558	0.620	0.492	0.455	1.028
Ambert	543	0.449	0.450	0.339	0.565	0.828	0.631	0.336	0.290	0.381	0.686	0.461	0.474	543
Clermont	385	0.316	0.363	0.246	0.355	0.869	0.439	0.280	0.288	0.297	0.458	0.312	0.338	385
Thiers	413	0.513	0.561	0.382	0.632	0.516	0.571	0.480	0.408	0.380	0.559	0.414	0.487	413
Le Bouchet	485	0.450	0.424	0.372	0.646	0.508	0.506	0.479	0.267	0.421	0.595	0.470	0.467	485
Chantelle	297	0.336	0.364	0.214	0.521	0.414	0.398	0.322	0.231	0.337	0.443	0.387	0.360	297
Vichy	264	0.401	0.405	0.329	0.654	0.491	0.482	0.457	0.297	0.431	0.580	0.356	0.443	264
Moulins	221	0.342	0.357	0.275	0.529	0.525	0.533	0.289	0.215	0.364	0.415	0.365	0.364	221
2° BASSIN DE LA LOIRE SUPÉRIEURE (en amont du Bec-d'Allier).														
Montpezat	1.000	1m344	1m028	0m911	0m796	0m837	1m705	0m640	0m331	0m619	0m490	0m063	0m763	1.000
Le Puy	625	0.338	0.495	0.364	0.678	0.893	0.561	0.219	0.275	0.260	0.599	0.298	0.397	625
Tence	838	0.650	0.509	0.442	0.593	0.595	0.439	0.170	0.203	»	»	0.526	0.452	838
Bas-en-Basset	457	0.311	0.415	0.417	0.481	0.391	0.782	0.324	0.660	0.668	0.609	0.063	0.451	457
Le Pilat	1.400	0.769	0.785	0.663	0.665	0.663	1.034	0.513	0.361	0.466	1.264	0.480	0.696	1.400
Montbrison	409	0.334	0.367	0.363	0.519	0.363	0.481	0.203	0.249	0.315	0.493	0.273	0.360	409
Noiretable	716	0.250	0.496	0.308	0.468	0.410	0.385	0.314	0.408	0.420	0.490	0.589	0.400	716
Panissières	630	0.495	0.605	0.495	0.567	0.483	0.629	0.345	0.351	0.503	0.849	0.502	0.529	630
Roanne	280	0.405	0.462	0.318	0.524	0.510	0.542	0.911	0.269	0.376	0.643	0.386	0.426	280
Saint-Clément	485	0.584	0.559	0.435	0.663	0.587	0.559	0.543	0.407	0.462	0.890	0.520	0.562	485
Charolles	316	»	»	0.500	0.736	0.546	0.510	0.386	0.337	0.479	0.687	0.364	0.505	316
Arnay-le-Duc	370	0.456	0.301	0.346	0.555	0.436	0.465	0.890	»	0.458	0.598	0.418	0.402	370
Digoin	241	0.443	0.416	0.382	0.600	0.548	0.463	0.293	0.277	0.385	0.557	0.403	0.433	241
Dompierre	240	0.495	0.430	0.988	0.699	0.421	0.462	0.286	0.251	0.326	0.488	0.355	0.418	240
Châtillon	260	0.487	0.397	0.502	0.671	0.397	0.515	0.386	0.356	0.501	0.505	0.482	0.459	260
Decize	198	0.406	0.377	0.422	0.622	0.574	0.340	0.340	0.268	0.395	0.511	0.409	0.424	198
MOYENNES		(0.471)	(0.447)	(0.389)	(0.580)	(0.474)	(0.576)	(0.344)	(0.315)	(0.415)	(0.634)	(0.376)	(0.455)	

Stations pluviométriques du bassin de la Loire en amont du confluent de l'Allier.

Nombre des jours de pluie de la saison d'Été.

(1er MAI AU 31 OCTOBRE).

ANNÉES 1862 A 1874.

Tableau N° 3 bis. — SAISON D'ÉTÉ.

NOMBRE DES JOURS DE PLUIE DU 1er MAI AU 31 OCTOBRE.

STATIONS du bassin de l'Allier et du bassin de la Loire supérieure (en amont du Bec-d'Allier).	Altitudes des stations	du 1er mai au 31 octo. 1863	du 1er mai au 31 octo. 1864	du 1er mai au 31 octo. 1865	du 1er mai au 31 octo. 1866	du 1er mai au 31 octo. 1867	du 1er mai au 31 octo. 1868	du 1er mai au 31 octo. 1869	du 1er mai au 31 octo. 1870	du 1er mai au 31 octo. 1871	du 1er mai au 31 octo. 1872	du 1er mai au 31 octo. 1873	Moyennes	Altitudes des stations
1° BASSIN DE L'ALLIER.														
Langogne	910m	41	41	46	69	61	56	55	32	54	77	42	51	910m
Saugues	980	42	37	38	55	50	60	41	37	44	56	40	45	980
Murat	924	57	31	36	73	60	57	54	56	50	69	43	53	924
La Chaise-Dieu	1.075	49	43	54	65	72	73	54	46	52	84	46	58	1.075
Brioude	415	36	32	26	39	32	25	26	21	29	59	29	32	415
Besse	1.028	98	37	45	54	45	39	43	39	34	71	46	45	1.028
Ambert	543	63	68	61	78	74	72	55	51	61	88	58	64	543
Clermont	385	49	58	50	85	61	56	46	45	47	71	41	53	385
Thiers	413	55	66	63	88	71	70	55	48	48	64	57	62	413
Le Bouchet	485	56	64	66	69	67	81	51	52	46	57	49	58	485
Chantelle	297	46	51	25	53	67	39	39	38	46	56	48	46	297
Vichy	264	53	66	62	95	86	65	60	51	69	91	58	69	264
Moulins	221	58	58	56	85	76	53	56	46	65	70	56	62	221
2° BASSIN DE LA LOIRE SUPÉRIEURE (en amont du Bec-d'Allier).														
Montpezat	1.000	33	44	38	65	43	45	53	27	41	41	16	41	1.000
Le Puy	625	37	54	59	68	44	55	43	44	35	59	40	49	625
Tence	838	46	39	82	44	44	45	20	27	»	»	50	39	838
Bas-en-Basset	457	38	80	39	48	50	42	26	39	41	42	22	38	457
Le Pilat	1.400	57	58	56	60	66	59	51	49	49	74	43	57	1.400
Montbrizon	409	48	46	52	66	67	60	49	52	50	80	38	55	409
Noiretable	716	35	51	95	80	47	51	55	42	40	71	65	50	716
Panissières	630	46	41	39	50	48	49	88	34	48	51	40	44	630
Roanne	280	40	41	37	56	56	58	45	49	57	75	52	51	280
Saint-Clément	485	48	58	49	60	53	43	49	45	55	74	52	53	485
Charolles	316	»	»	50	75	56	40	36	54	59	87	72	48	316
Arnay-le-Duc	370	38	38	48	59	55	50	43	»	56	80	63	48	370
Digoin	241	72	59	66	110	77	63	55	61	71	90	70	70	241
Dompierre	240	50	60	43	60	65	61	52	47	59	102	59	60	240
Châtillon	260	49	44	44	57	63	50	49	45	51	71	49	52	260
Decize	193	55	54	54	85	98	62	56	45	59	79	65	65	193
MOYENNES		(47)	(48)	(47)	(65)	(60)	(53)	(46)	(43)	(50)	(71)	(50)	(52)	

Digoin, Orléans, Bressuire,

et moyenne des bassins

de l'Allier et de la Haute-Loire.

ANNÉES 1862 à 1873 inclus.

Comparaison entre les hauteurs de pluie
et les nombres de jours de pluie
des deux Saisons froide et chaude.

[illegible]

[illegible]

[illegible]

[illegible]

[illegible]

TABLEAU Nº 4.

DÉSIGNATION DES ANNÉES.	Station de Digoin altitude 241ᵐ			Station d'Orléans altitude 100ᵐ			Station de Bressuire altitude 187ᵐ			Moyenne arithmétique des 39 stations de la Haute-Loire et de l'Allier		
	du 1er nov. au 30 avril	du 1er mai au 31 octo.	Année entière	du 1er nov. au 30 avril	du 1er mai au 31 octo.	Année entière	du 1er nov. au 30 avril	du 1er mai au 31 octo.	Année entière	du 1er nov. au 30 avril	du 1er mai au 31 octo.	Année entière
du 1er nov. 1862 au 1er nov. 1863	0ᵐ269 63	0ᵐ443 51	0ᵐ712 114	0ᵐ211 49	0ᵐ356 55	0ᵐ567 104	0ᵐ242 46	0ᵐ288 57	0ᵐ530 103	0ᵐ370 51	0ᵐ471 47	0ᵐ841 98
—id—1863 à 1864	0.239 58	0.416 54	0.655 112	0.236 52	0.253 49	0.489 101	0.293 41	0.250 35	0.543 76	0.294 47	0.447 48	0.741 95
—id—1864 à 1865	0.308 63	0.382 52	0.690 115	0.265 66	0.337 48	0.602 114	0.430 70	0.396 55	0.826 125	0.313 60	0.389 47	0.702 107
—id—1865 à 1866	0.405 76	0.600 72	1.005 148	0.318 69	0.402 79	0.720 148	0.529 88	0.442 72	0.971 160	0.435 63	0.580 65	1.015 128
—id—1866 à 1867	0.513 91	0.548 64	1.061 155	0.334 64	0.440 64	0.774 128	0.439 79	0.402 69	0.841 148	0.403 71	0.474 60	0.877 131
—id—1867 à 1868	0.248 50	0.463 55	0.711 105	0.263 44	0.482 56	0.745 100	0.302 53	0.397 47	0.699 100	0.254 52	0.576 53	0.830 105
—id—1868 à 1869	0.304 65	0.293 46	0.597 111	0.304 59	0.347 50	0.651 109	0.482 62	0.238 37	0.720 99	0.345 56	0.344 46	0.689 102
—id—1869 à 1870	0.259 48	0.277 51	0.536 99	0.212 43	0.208 30	0.420 73	0.295 41	0.307 33	0.602 73	0.248 48	0.315 43	0.563 91
—id—1870 à 1871	0.264 49	0.385 60	0.649 109	» »	0.355 52	» »	0.304 48	0.317 45	0.621 88	0.271 43	0.415 50	0.686 93
—id—1871 à 1872	0.286 54	0.557 82	0.843 136	0.232 51	0.358 71	0.590 122	0.439 55	0.313 41	0.752 96	0.328 50	0.634 71	0.962 121
—id—1872 à 1873	0.478 96	0.403 56	0.881 152	0.383 80	0.314 48	0.697 128	0.632 74	0.273 47	0.905 121	0.420 71	0.376 50	0.796 121
MOYENNES de ces 11 années.	0.325 65	0.433 58	0.758 123	0.286 58	0.350 55	0.626 113	0.399 59	0.330 49	0.729 108	0.322 56	0.450 52	0.772 108

Tableau des observations pluviométriques de Blois, Orléans et Gien,

pendant la période 1862 à 1873 inclus,

dressé pour la discussion

de la répartition de la pluie

entre ces trois points.

ANNÉES.	BLOIS (Altitude 73m00).					ORLÉANS (Altitude 100m00).					GIEN (Altitude 130m00).					OBSERVATIONS.
	Nombre de jours de pluie par les vents		Hauteur totale d'eau tombée par les vents.		Hauteur totale de la pluie dans l'année.	Nombre de jours de pluie par les vents.		Hauteur totale d'eau tombée par les vents.		Hauteur totale de la pluie dans l'année.	Nombre de jours de pluie par les vents.		Hauteur totale d'eau tombée par les vents.		Hauteur totale de la pluie dans l'année.	
	du groupe supérieur	du groupe inférieur	du groupe supérieur	du groupe inférieur		du groupe supérieur	du groupe inférieur	du groupe supérieur	du groupe inférieur		du groupe supérieur	du groupe inférieur	du groupe supérieur	du groupe inférieur		
1862	65	138	232	445	677	26	108	107	563	670	31	96	133	336	469	(1) à Blois, il y a eu interruption dans les 2 mois de janvier et février 1871, et pendant décembre 1870, du 10 au 31, par suite de l'invasion.
1863	36	131	107	530	637	61	124	132	466	598	10	101	74	417	491	
1864	37	113	127	482	609	60	136	141	345	456	33	83	91	285	376	(2) à Orléans, l'interruption a duré du 1er janvier au 30 avril 1871, parce que le pluviomètre avait été brisé par l'ennemi.
1865	53	129	266	517	788	65	162	134	468	602	27	103	151	356	507	
1866	61	149	222	667	889	93	230	149	590	739	30	130	166	457	623	
1867	53	117	261	611	872	97	182	177	570	747	35	118	127	459	586	
1868	48	123	273	728	1001	48	184	165	731	896	22	109	198	372	570	
1869	41	102	167	508	670	71	167	148	488	636	31	90	159	352	505	
1870	16	77	113	353	466	25	69	87	302	389	14	71	39	290	329	
1871	28	80	126	301	427(1)	19	63	68	332	400(2)	28	89	138	327	465	
1872	40	166	146	662	808	38	172	115	615	730	34	131	90	494	584	
1873	36	114	78	382	460	35	133	122	446	568	34	105	115	379	494	
Moyennes.	(47)	(125)	(191)	(550)	(741)	(58)	(153)	(188)	(514)	(646)	(27)	(103)	(122)	(382)	(504)	

Stations pluviométriques du bassin
de la Loire
en amont du confluent de l'Allier.

Grande crue extraordinaire
du 27 Septembre 1866, à Orléans.

Relevé des hauteurs de pluie tombée
pendant les mois de
Juillet, Août et Septembre.

STATIONS du bassin de l'Allier et du bassin de la Loire-Supérieure (en amont du Bec-d'Allier).	Mois de Juillet — Hauteur totale de la pluie	Mois de Juillet — Nombre de jours de pluie	Mois d'Août — Hauteur totale de la pluie	Mois d'Août — Nombre de jours de pluie	Mois de Septembre — Hauteur de la pluie du 1er au 22	Mois de Septembre — Nombre de jours de pluie du 1er au 22	Mois de Septembre — Hauteur de la pluie du 23 au 30	Mois de Septembre — Hauteur totale de la pluie de sept.	Direction des vents du 23 au 26 septembre — Groupe supérieur N. N-O. E. S-E.	Direction des vents — Groupe inférieur N-O. O. S-O. S.	OBSERVATIONS.
1er BASSIN DE L'ALLIER. Altitudes.											
Langogne (910)	0.031	7	0.073	10	0.058	7	0.354	0.415		S-O. et N-O	Nota. — Du 27 au 30 septembre; il n'est tombé en moyenne que 0m003 d'eau.
Sanguès (980)	0.053	8	0.055	9	0.046	6	0.085	0.133		S.	La hauteur maximum de la crue du 27 septembre 1866 est de 6m 92.
Murat (924)	0.053	10	0.096	14	0.025	8	0.123	0.181		S-O.	
La Chaise-Dieu (1076)	0.050	9	0.176	18	0.089	7	0.112	0.154		S.-O. et N-O	Elle a commencé le 24, 4 h. soir, à la cote 0m 72 et a fini le 6 octobre, 4 h. soir, à la cote 1m 15.
Brioude (415)	0.051	4	0.140	11	0.025	4	0.060	0.085		S.-O. et N-O.	
Besse (1028)	0.079	12	0.121	14	0.039	5	0.121	0.160		S-O.	Sa durée est donc de 12 jours.
Ambert (543)	0.048	7	0.128	19	0.050	9	0.111	0.161	N.	S.	Son débit maximum est de 8035 m. c.
Clermont (385)	0.038	8	0.047	7	0.026	7	0.104	0.130		S.-O.S. et S.	Son débit total de 2550 millions de mètres cubes.
Thiers (413)	0.068	12	0.130	18	0.060	12	0.145	0.205	S.-E. et N.	S.	
Le Bouchet (485)	0.117	13	0.115	15	0.069	9	0.129	0.198	N.	S-O.	
Chantelle (297)	0.039	5	0.070	11	0.062	8	0.114	0.176		N-O.O et S-O	
Vichy (264)	0.091	11	0.126	16	0.061	10	0.178	0.240	N. et N-E.	S-O.	
Moulins (221)	0.049	12	0.081	15	0.056	7	0.154	0.210	N.	O.	
2o BASSIN DE LA LOIRE SUPÉRIEURE. (en amont du Bec-d'Allier).											
Montpezat (1000)	0.024	3	0.098	12	0.053	7	0.147	0.200		S.	
Le Puy (625)	0.052	9	0.051	11	0.031	5	0.170	0.201	Groupe sup.		
Tence (838)	0.028	4	0.090	8	0.035	5	0.098	0.133	N.		
Bas-en-Basset (457)	0.038	5	0.098	13	0.034	5	0.161	0.199		S.	
Le Pilat (1400)	0.074	7	0.107	14	0.044	5	0.050	0.094		S. et S-O.	
Montbrison (409)	0.062	8	0.081	12	0.024	10	0.161	0.185	N.	S.	
Noiretable (716)	0.070	12	0.181	14	0.038	9	0.076	0.114	S-E. et E.	S.-O.	
Panissières (630)	0.054	7	0.189	14	0.038	5	0.104	0.142		S. et N-O.	
Roanne (280)	0.066	9	0.091	11	0.068	7	0.185	0.203	N.	S. et N-O.	
Saint Clément (486)	0.108	10	0.145	14	0.063	6	0.145	0.208	N.	S. et O.	
Charolles (316)	0.088	11	0.189	17	0.099	11	0.117	0.216	N.	S.	
Arnay-le-Duc (370)	0.054	9	0.091	9	0.078	7	0.126	0.204	N-N. et N-E	N.-O	
Digoin (241)	0.055	11	0.148	17	0.092	12	0.190	0.223		S-O. et N-O	
Dompierre (240)	0.047	8	0.121	13	0.094	11	0.169	0.268	S-E. et S.	N-O.	
Châtillon (260)	0.141	13	0.117	12	0.060	7	0.132	0.192	S-E. et N.	N-O.	
Decize (183)	0.105	12	0.085	18	0.069	10	0.148	0.217			
MOYENNES	0.063	9	0.109	13	0.052	8	0.133	0.188			

Stations pluviométriques du bassin de la Loire en amont du confluent de l'Allier.

Crue moyenne du 23 Octobre 1868, à Orléans.

Relevé des hauteurs de pluie tombée pendant les mois d'Août, Septembre et Octobre 1868.

STATIONS du bassin de l'Allier et du bassin de la Loire-Supérieure (en amont du Bec-d'Allier).	Hauteur et nombre de jours de pluie du 1er Août au 31 Octobre.								Direction des vents du 15 au 20 octobre.		OBSERVATIONS.
	Mois d'Août		Mois de Septembre		Mois d'Octobre				Groupe supérieur N. N-E. E. S-E.	Groupe inférieur N-O. O. S-O. S.	
	Hauteur totale de la pluie	Nombre de jours de pluie	Hauteur totale de la pluie	Nombre de jours de pluie	Hauteur de la pluie du 1 au 15	Nombre de jours de pluie du 1 au 15	Hauteur de la pluie du 16 au 20	Hauteur totale de la pluie d'octobre			
1er BASSIN DE L'ALLIER.											
Altitudes:											
Langogne (910)	0.088	10	0.117	10	0.034	3	0.192	0.283	[illegible]	S.	La hauteur maximum de la crue du 23 oct. 1868, est de 3m 36. — Elle a commencé le 21 octobre, 5 h. matin, à la cote 0m 63, et a fini le 27, à 4 h. du soir à la cote 1m 51; sa durée est donc de 6 1/3 jours. — Son débit maximum est de 2,273 m. c. Son débit total est de 696 millions de mètres cubes.
Saugues (980)	0.066	8	0.159	10	0.044	3	0.127	0.183	[illegible]	S.	
Murat (924)	0.174	6	0.097	7	0.042	3	0.115	0.167	[illegible]	S.	
La Chaise-Dieu (1075)	0.118	15	0.130	11	0.048	3	0.109	0.184	[illegible]	S-O. & N-O.	
Brioude (415)	0.110	4	0.062	5	0.084	2	0.285	0.369	[illegible]	S.	
Besse (1028)	0.167	14	0.057	4	0.017	[illegible]	0.087	0.119	[illegible]	O.	
Ambert (548)	0.161	14	0.071	9	0.081	[illegible]	0.073	0.212	[illegible]	S. & N-O.	
Clermont (385)	0.099	11	0.089	5	0.022	[illegible]	0.084	0.113	[illegible]	S.	
Thiers (413)	0.136	15	0.058	7	0.057	[illegible]	0.059	0.148	[illegible]	S.	
Le Bouchet (485)	0.110	9	0.058	9	0.023	[illegible]	0.060	0.103	[illegible]	S-O.	
Chantelle (297)	0.140	8	0.053	7	0.029	[illegible]	0.029	0.067	[illegible]	S. & N-O.	
Vichy (264)	0.150	15	0.048	7	0.033	[illegible]	0.068	0.116	[illegible]	N-O.	
Moulins (221)	0.126	12	0.028	5	0.028	[illegible]	0.041	0.080	[illegible]	»	
2e BASSIN DE LA LOIRE SUPÉRIEURE (en amont du Bec-d'Allier).											
Montpezat (1000)	0.193	7	0.346	14	0.085	[illegible]	0.397	0.483	[illegible]	S.	
Le Puy (625)	0.087	7	0.117	10	0.046	[illegible]	0.118	0.163	[illegible]	N-O.	
Tence (838)	0.055	5	0.124	8	0.050	[illegible]	0.069	0.125	[illegible]	S. & O.	
Bas-en-Basset (457)	0.122	7	0.177	7	0.073	[illegible]	0.095	0.171	[illegible]	N-O.O & S-O	
Le Pilat (1400)	0.081	8	0.209	12	0.140	[illegible]	0.161	0.360	[illegible]	S.	
Montbrison (409)	0.087	11	0.091	9	0.066	[illegible]	0.087	0.114	[illegible]	N-O. & O.	
Noiretable (716)	0.081	13	0.051	7	0.056	[illegible]	0.043	0.120	[illegible]	N-O. & S.	
Panissières (630)	0.082	10	0.165	9	0.041	[illegible]	0.062	0.129	[illegible]	S.	
Roanne (280)	0.080	9	0.100	8	0.078	[illegible]	0.056	0.148	[illegible]	N-O. & S.	
Saint-Clément (485)	0.101	10	0.083	7	0.060	[illegible]	0.078	0.171	[illegible]	S-O.	
Charolles (316)	0.115	8	0.063	5	0.024	[illegible]	0.054	0.120	[illegible]	S-O.	
Arnay-le-Duc (370)	0.097	9	0.052	5	0.030	[illegible]	0.054	0.097	[illegible]	S-O.	
Digoin (241)	0.113	13	0.088	9	0.048	[illegible]	0.046	0.110	N. &N.	N-O.	
Dompierre (240)	0.119	12	0.039	5	0.031	[illegible]	0.033	0.094	S-S.	N-O.	
Châtillon (260)	0.118	10	0.056	7	0.033	[illegible]	0.033	0.114	S-S & N.	»	
Decize (193)	0.113	13	0.013	6	0.030	[illegible]	0.035	0.087	S-S & N.	»	
MOYENNES.	0.113	10	0.112	8	0.049	[illegible]	0.093	0.162			

Stations pluviométriques du bassin
de la Loire
en amont du confluent de l'Allier.

Grande crue
du 23 Octobre 1872, à Orléans.

Relevé des hauteurs de pluie tombée
pendant les mois
d'Août, Septembre et Octobre 1872.

TABLEAU N° 3

STATIONS du bassin de l'Allier et du bassin de la Loire supérieure (en amont du Bec-d'Allier)	Altitudes	Mois d'Août — Hauteur totale de la pluie	Mois d'Août — Nombre de jours de pluie	Mois de Septembre — Hauteur totale de la pluie	Mois de Septembre — Nombre de jours de pluie	Octobre — Hauteur de la pluie du 1er au 15	Octobre — Nombre de jours de pluie	Octobre — Hauteur de la pluie du 16 au 31	Octobre — Hauteur totale de la pluie d'octobre	Direction des vents du 16 au 20 Octobre — Groupe supérieur N. N-E. E. S-E.	Groupe inférieur N-O. O. S-O. S.	OBSERVATIONS
1° BASSIN DE L'ALLIER												
Langogne	(910)	0.059	8	0.012	4	[illegible]	[illegible]	0.263	0.375	»	S.	La hauteur maximum de la crue du 23 octobre 1872 est de 5m23.
Saugues	(980)	0.098	10	0.036	5	[illegible]	[illegible]	0.081	0.201	»	N-O & E.	
Murat	(924)	0.141	11	0.119	8	[illegible]	[illegible]	0.140	0.255	»	S-O & E.	Elle a commencé le 20, 8 h. matin, à la
La Chaise-Dieu	(1075)	0.087	18	0.019	5	[illegible]	[illegible]	0.119	0.268	»	O. S-O & S.	cote 0m82 et a fini le 31, 8 h. matin, à la
Brioude	(415)	0.128	10	0.040	4	[illegible]	[illegible]	0.046	0.135	»	O & S.	cote 1m22.
Besse	(1028)	0.088	9	0.092	6	[illegible]	[illegible]	0.072	0.203	»	S-O.	
Ambert	(543)	0.078	10	0.043	6	[illegible]	[illegible]	0.071	0.172	»	S.	Sa durée est donc de 11 jours.
Clermont	(385)	0.042	8	0.057	5	[illegible]	[illegible]	0.080	0.144	»	S-O & S.	Son débit maximum est de 4228m.c.
Thiers	(413)	0.099	10	0.019	6	[illegible]	[illegible]	0.048	0.131	»	O. & S.	Son débit total est de 1660 millions de
Le Bouchet	(485)	0.090	10	0.100	7	[illegible]	[illegible]	0.045	0.090	»	S-O.	mètres cubes.
Chantelle	(297)	0.056	7	0.077	6	[illegible]	[illegible]	0.056	0.095	S-E.	S-O & S.	
Vichy	(264)	0.082	11	0.052	7	[illegible]	[illegible]	0.062	0.161	N-E & S-E.	S-O.	
Moulins	(221)	0.058	9	0.052	4	[illegible]	[illegible]	0.054	0.097	N-E. & S-E.	S-O.	
2° BASSIN DE LA LOIRE SUPÉRIEURE (en amont du Bec-d'Allier)												
Montpezat	(1000)	0.006	4	0.001	1	[illegible]	[illegible]	0.030	0.095	»	»	
Le Puy	(625)	0.068	8	0.022	4	[illegible]	[illegible]	0.065	0.179	»	»	
Tence	(838)	....	....	....	....	Pas d'Observateur en 1872.						
Bas-en-Basset	(457)	0.008	4	»	»	[illegible]	[illegible]	0.009	0.029	»	O. S-O & S.	
Le Pilat	(1400)	0.092	10	0.028	3	[illegible]	[illegible]	0.154	0.486	»	S.	
Montbrizon	(409)	0.033	7	0.019	6	[illegible]	[illegible]	0.087	0.178	»	S.	
Noiretable	(716)	0.087	9	0.032	6	[illegible]	[illegible]	0.027	0.106	»	O.	
Panissières	(690)	0.106	9	0.021	3	[illegible]	[illegible]	0.091	0.266	»	S-O & S.	
Roanne	(280)	0.106	13	0.033	5	[illegible]	[illegible]	0.101	0.212	»	S.	
Saint-Clément	(485)	0.154	12	0.083	7	[illegible]	[illegible]	0.027	0.242	S-E.	S.	
Charolles	(316)	0.110	15	0.083	6	[illegible]	[illegible]	0.086	0.244	N.	S.	
Arnay-le-Duc	(370)	0.118	13	0.014	4	[illegible]	[illegible]	0.087	0.215	»	O & S.	
Digoin	(241)	0.066	14	0.034	7	[illegible]	[illegible]	0.053	0.183	S-E. & E.	S-O & S.	
Dompierre	(240)	0.088	13	0.091	5	[illegible]	[illegible]	0.050	0.148	S-E.	S.	
Châtillon	(260)	0.084	14	0.035	5	[illegible]	[illegible]	0.060	0.147	»	N-O, S-O & S.	
Decize	(193)	0.095	12	0.045	6	[illegible]	[illegible]	0.067	0.123	S-E. & E.	S-O & S.	
MOYENNES		0.088	10	0.041	5	[illegible]	[illegible]	0.076	0.185